で教育は どう変わるか

佐藤 学、勝野正章

岩波ブックレット No. 874

1　虚妄と妄想による教育改革

安倍政権による教育改革の全体像

安倍政権は急ピッチで教育改革を断行しつつある。

昨年（二〇一二年）一〇月に政権再交代の準備を本格化させて以降、安倍自民党総裁は日本国憲法の改正を公約に掲げつつ、「経済再生実行本部」と「教育再生実行本部」を組織し、教育改革に並々ならぬ熱意で取り組んできた。第一次安倍政権（二〇〇六年九月―二〇〇七年九月）において改悪された「新教育基本法」（二〇〇六年一二月）の全面的展開であり、教育による改憲への猪突猛進である。

安倍首相が中心となって推進している教育改革の全体像は、自民党の教育再生実行本部が衆議院選挙直前の一一月一六日に、下村博文、義家弘介、馳浩の三氏が中心となってまとめた「中間とりまとめ」に示されている。

①「新教育行政システム」として教育委員会を事実上廃止し、首長が任命する教育長の「附属機関」とする（教育への直接的な権力介入）、②義務教育費国庫負担割合を一〇〇％にして、公教育における国の権限と責任を明確化する（教育の国家統制）、③「教科用図書検定法（仮称）」を制定して詳細な検定基準を政令で定め、教科書採択については教育長が単独で決定する、「学校教育法」

を改正して、文部大臣が単独で学習指導要領を決定できるようにする、④「教育公務員特例法」の改正と「教育公務員倫理規定」の策定を行い、教師の政治的行為を取り締まり、勤務成績の評定を厳格化して分限処分を徹底させる、⑤「教育職員免許法」を改正して、大学と大学院では「准免許」だけを授与し、一―二年インターンとして勤務して適性試験で選別した上で教育長が「本免許」を授与する制度にする、⑥地方公務員法を改正して「政治的行為の制限」に違反した教員は、免職を含めた懲戒処分ができるようにする。

これらの教育改革構想の骨格を見て、大半の教師と教育行政の関係者は暗澹たる思いにかられるに違いない。

日本社会の最大のアキレス腱は政治的後進性にあるが、自民党の憲法改正草案と教育改革構想は、それを露わにしている。国民の権利の制限と義務を謳う憲法草案は「憲法とは何か」（立憲主義）を知らない政治家の無知を示し、教育改革構想は「教育とは何か」について彼らがわずかの見識も持っていない無知をさらけだしている。

前記の教育改革構想に通底しているのは、教師と教育委員会に対する敵意とも憎悪ともとれる不信であり、子どもと教師の心をまるごと、国家権力で支配しようとする権力的な欲望である。

自民党の政治的良識は、ここまで落ち込んでしまったのか。そもそも、なぜ、このような稚拙な教育改革構想がまかりとおっているのだろうか。

現実から遊離した教育改革

安倍政権の教育改革においてもっとも危険なのは、現実を直視せず、虚妄によって「危機」を創りだし、虚妄のプロパガンダによって独断的に改革を断行していることにある。

自民党の国家戦略本部第六分科会(教育)は、一昨年(二〇一一年)七月、「危機的状況にある教育の再生」を訴え、「現在の教育の危機的状態」として、①「家庭の教育力の低下や過保護な親と無関心な親の存在」、②「学校における悪平等・画一主義の蔓延による子どもの個性、伸びる力の抑圧」、③「いじめ、不登校、学級崩壊、青少年犯罪の続発」、④「子どもの権利を重視するあまり「公」を軽視する傾向」、⑤「旧態依然たる教育システムの継続」の五項目をあげていた。そこでは、教育の質と平等の危機、OECD(経済協力開発機構)加盟国でワースト4に入る子どもの貧困率、同加盟国では最低レベルの公教育費支出、世界最高額の親の教育費負担、教師の多忙、学力格差の拡大などには、一言も触れられていない(これらの指標については次章以降で説明する)。

事実、教育再生実行本部の政策文書には、「いじめによる自殺の続発」、「いじめ隠蔽の教育委員会」、「無責任な教育委員会」、「自虐史観教科書」、「左翼思想に支配された日本教職員組合に支配された教員人事」などの言葉が氾濫している。しかし、それらの「危機」は、現実からかけ離れた妄想によって創作された危機である。以下にその根拠を示そう。

教育再生実行会議は、まず「いじめ対策法案」から着手し、その次に「いじめ隠蔽」に象徴される「無責任な」教育委員会制度の改革と「道徳の教科化」へと踏み込もうとしている。

「いじめ問題」から教育改革の道筋をつくる手法は、今回が初めてではない。「いじめ」が議論され始めたのは、一九八四年に中曽根首相によって組織された臨時教育審議会においてである。当時、中曽根は「青少年犯罪の激増」を、教育改革を正当化する危機の根拠にしようとした。しかし、その思惑に反して、現実には青少年犯罪は戦後一貫して減少していた。そこで考案されたのが、犯罪と非犯罪のグレーゾーンである「いじめ」であった。いじめの調査統計が一九八五年から存在するのは、その結果である。いじめに関して日本のメディアと社会は過剰反応する体質を持っているが、それを政治的に利用したのが中曽根の戦略であった。

それ以来、「子どもの自殺」と聞くと「いじめ」と連結させてしまう思考パターンが、いつのまにかメディアを通じて形成された。しかし、実態はどうか。日本人全体の自殺者数は一四年間連続で三万人を超え(二〇一一年は三万五一三人)、世界でも有数の高い自殺率に達している。しかし、子ども(一九歳以下)の自殺は一九五〇年代と比べて約四分の一に減少しており、近年も自殺率は約二―三%と微増しているものの、自殺件数は減少している。一九歳以下の子どもの自殺者数は毎年六〇〇人前後であり、全自殺者数の約二%である。学齢児童に限定すると、もっと少なく、二〇一一年度の統計(文科省)で小学校で四人、中学校で三九人、高校で一五九人である。そのうち、いじめによる自殺は、昨年は大津市立中学校の事件の報道によって自殺が誘発されたこともあって四人に達したが、過去のデータでは毎年〇名か一名であり、子どもの自殺全体の約一%である。

もちろん、いじめによる自殺は一件たりとも許されるべきではないし、自殺まではいたらないいじめの深刻な問題も解決されるべきであるが、「子どもの生命を大切にする」(教育再生実行本部)という教育理念からすれば、家庭の不和の悩みや貧困の悩み、健康の悩み、学業不振の悩み、就職不安の悩みによって子どもたちが数多く自殺している事実から、教育の「危機」の本質を認識するのが妥当であろう。

にもかかわらず、なぜ、一%の現象だけがメディアによって過剰に報道され、自民党の教育政策において最重要課題として掲げられているのだろうか。

「いじめ対策法案」の議論を開始した教育再生実行会議の第一回の会議に提出された文部科学省の資料は、「いじめ」が増加しているとは必ずしも言えないことを示している。

そもそも、いじめというグレーゾーンの多い曖昧な行為について特定すること自体、困難である。けんかといじめはどこが違うのか、じゃれあっているのか、いじめているのか、からかっているのかいじめなのか、その峻別はつけがたい。明らかに刑法に抵触する犯罪行為(暴力や恐喝など)は定義できるが、それは刑法の適用で解決すべきであって、新たな法律で対処すべきではない。教育再生実行会議では、被害者が「いじめ」と感じたものは「いじめ」という主観的な定義を採用して厳罰主義の法律をつくろうとしているが、もし、そのような法律ができれば、学校と子ども社会の中に戦前の治安維持法のような疑心暗鬼の悪法をもちこみ、教育現場はさらなるいじめの陰湿化と混乱を余儀なくされるであろう。

「いじめの隠蔽」という学校と教育委員会に対する攻撃についても、検討する必要がある。学校と教育委員会が、他の利益団体のように、自らの権益や保全のために「隠蔽」を行っているかのような報道や批判は、的を外れている。学校と教育委員会がいじめに関する情報の公開に慎重なのは、主として三つの理由による。まず、先にも述べたように、そもそも「いじめ」の特定がきわめて困難なこと、二つ目は、仮にいじめの事実が確認されたとしても、その事実の公開によって、いじめにより自殺した本人と家族のプライバシーが著しく侵害される危険があるからである。三つ目は、公開によって、他の子どもたちの人権が著しく侵害される危険があるからである。決して学校や教師や教育委員会の自己の責任の回避や権益の擁護のために「隠蔽」しているわけではない。その現状に対して、メディアや政治家はあまりにも想像力を欠落させている。

たとえば、私の知る実例においても、ある中学生がいじめによる自殺未遂を起こした件で、メディアと両親が学校と教育委員会の「隠蔽」を激しく攻撃したことがあった。しかし真相は、両親による長期にわたる性的虐待が主たる原因であり、その生徒はこの事実を面々と記した遺書を信頼する教師に託していた。学校と教育委員会がこの事実を秘匿し続けたのは、事実の「隠蔽」だろうか。もう一つ、私の知る実例を挙げれば、父親が中学生の子どもの「いじめ」に対する謝罪を当事者の親と学校と教育委員会に求め、担任教師の処分を要求して六カ月も紛糾した事件がある。この被害者の生徒は、体格も大きく体力もある生徒であり、加害者とされた生徒はその生徒の暴力の被害にあった経験はあっても体力的にはかなわないから、刃向かったことのない生徒である。いじめの調査も行われたが、当然のことながら事実は特定できなかった。告発した親は暴力団員であり、これまで何度も同じ手口で学校と教育委員会を訴えた経緯がある。しかし、この場合でも、学校と教育委員会は、その父親が学校に対する怨念から「いじめ」を訴えていると公言すべきだろうか。あるいは、その父親が暴力団員であると公表すべきだろうか。否である。いじめの事実が調査の結果特定できなかったことだけを公表すべきだろう。そして、そのような対処が行われたのだが、父親と新聞は「いじめの事実を隠蔽している」と学校と教育委員会を批判し続けた。

いじめを議論する際には、いくつかの前提が必要である。一つは、国際的な調査結果を見る限り、諸外国と比べ、日本の子どものいじめと暴力は件数において決して多くはないという事実である。さらに確認すべきこととして、近年のいじめは、インターネットなどを通じて見えないところで複雑化しており、その対策にあたってはいっそう細やかに子どもの状況を観察する必要があることである。また、いじめと言われている現象も複雑であり、性的な差別、民族的差別、貧富による差別、能力による差別など、明らかに人権侵害である差別と排除にあたるものや、暴力的行為を伴う暴行や恐喝という犯罪行為にあたるものもある。それらの個別の性格に即して解決がはかられるべきであり、いじめ一般によって解決の対策が行われるべきではないし、そのような大雑把な方法で解決できる問題でもない。

いじめの解決は、子ども一人ひとりの尊厳と人権の擁護、そして子どもも教師も安心して学べる学校づくり、さらには誰一人孤立させない、子ども、教師、保護者、市民の民主主義的な信頼と連帯の形成があってこそ可能になる。教育再生実行会議が準備している「いじめ対策法」は、その解決に逆行する道であり、子どもをまるごと管理し、子ども社会の中に密告の疑心暗鬼を持ち込み、教師も管理し、「対策連絡協議会」を設けるほか、教育委員会も「責任」の名で管理し統制する悪法となる危険が大きい。相互不信の厳罰主義によっていじめがなくなると考えること自体が、あまりに幼稚な思考であろう。

創られた「危機」

安倍政権の教育再生実行本部および教育再生実行会議の文書を読むと、安倍晋三という政治家の固執している妄想と虚妄によって、教育の「危機」が語られ、教育の「改革」が構想されていることが特徴的である。

たとえば「日教組による教員人事」という表現が頻繁に使われるが、そのような事実はどこにあるのか。一九五〇年代ならいざ知らず、今日、校長人事にせよ、教育委員会の人事にせよ、あるいは教員の採用や異動の人事において、「日教組による教員人事」が行われた実例など存在しない。昨年、橋下前府知事（現・大阪市長）の「教育条例」を特集したフジテレビの番組において、「教育委員会の人事は日教組が決定」という図が提示されているのを見て驚いたことがあるが、教育委員会の委員は自治体の首長が指名して決定しているのであって、日教組の意思で決定しているのではない。これは教育行政において常識的な事柄である。

虚妄によって「創られた危機」は、他にも挙げることができる。教育再生実行会議は、「道徳の教科化」の審議を開始しているが、その会議の席上に配布された文部科学省の資料は、その根拠が薄弱であることを証明している。はたして、現在の学校における道徳教育は不十分なのだろうか。

文部科学省の調査によれば、新学習指導要領で校内の指導体制の中心と位置づけられた「道徳教育推進教師」の設置は、小学校、中学校とも九九・九%に達しているし、道徳の時間の授業時数(標準三五単位時間)は、全国平均で小学校三五・七単位時間、中学校三五・一単位時間であり、いずれも標準授業時数を上回っている。さらに道徳教育において使用されている教材としては、あの悪名高き「心のノート」がもっとも多く、小学校で九〇・六%、中学校の八四・九%で採用されている。さらに文部科学省としては、すでに平成二四年度予算において、平成二五年度使用分の「心のノート」を全小・中学生に配布する経費を計上しており、これ以上望めないほどの道徳教育の徹底を行っているのが現実である。

「国旗・国家の尊重」も、安倍政権の教育改革の主要な政策の一つとなっているが、これも虚妄の現実認識から出発している。文部科学省の調査によれば、国旗・国歌法が成立した一九九九年以来、国公立の小学校、中学校、高校ではほぼ一〇〇%、国旗の掲揚と国歌の斉唱が実施されており、行政的指導は徹底し過ぎていると言ってよい。これ以上の国家による強制の必要性が、どこにあるというのだろうか。さらに言えば、これでも「左翼思想によって支配された日本教職員組合が強い力を行使する教育の現場」(自民党国家戦略本部、二〇一一年)と言えるのだろうか。

もし、現状以上の道徳教育が必要だとするならば、それは世界各国が教育の中心課題としている「市民性(シティズンシップ)」の教育であろう。民主的主権者の教育、公共的モラルの教育、多文化共生の教育、葛藤解決の教育、ボランティア教育などが「市民性」の教育の主要な内容だが、驚くことに、教育再生実行本部の政策文書にも教育再生実行会議の政策文書にも、「愛国心」

の教育の必要性は頻発しても、「市民性」の教育に関する言葉は一言も登場しない。それ自体が時代錯誤であり、反国際的である。

露骨なイデオロギー教育——教科書制度の改悪へ

きわめつきは「教科書制度」の改悪であろう。

安倍首相は、「日本教育再生機構」のシンポジウム(二〇一二年)において、「教育基本法の趣旨をきちんとふまえた教科書が育鵬社であろうと、わたしは確信している」と明言している。公職にある政治家、しかも当時元総理という権力的地位を有する政治家が、特定の教科書会社の教科書の宣伝を行うことは、明らかに公共倫理を逸脱しており、教育に対する直接的な政治介入であるが、そのこと自体に安倍氏は無頓着なようである。

「日本教育再生機構」は、二〇〇六年に「新しい歴史教科書をつくる会」の内紛によって同会代表を下りて離脱した八木秀次氏(高崎経済大学教授)が理事長をつとめるナショナリストの政治団体であり、八木氏は育鵬社版歴史・公民教科書作成の中心人物である。その彼が安倍首相の政策ブレーンとして活躍し、教育再生実行会議においても「有識者」の一人としてメンバーに加わっている。

安倍首相は、くりかえし「いまだに多くの教科書が自虐史観に立つ偏向した記述を行っている」と教科書を批判し、「新教育基本法に沿った教科書」づくりを実現するために「教科用図書検定法」(仮称)を制定して、可能な限り「詳細な検定基準」を設け、教科書の採択にあたっては教育長が単独で決定できるように制度を根本的に変えることを主張している。そして、選挙公約として「近隣諸国条項の見直し」も謳っていた。

「自虐史観の教科書」という今や常套句になった教科書批判は、事実に即しているだろうか。安倍首相は、従軍慰安婦への謝罪を表明した河野洋平（当時、官房長官）の談話（一九九三年）と戦後五〇周年（一九九五年）の終戦記念日に際して閣議決定によってアジアの人々に戦争の謝罪を表明した村山富市（当時、内閣総理大臣）の談話を真っ向から否定する主張を展開してきた。その立場から見れば、歴史の事実を記述した教科書でさえも、「自虐史観の教科書」として批判されることになるのだろう。しかし、現在の歴史教科書と公民教科書を見ると、育鵬社と自由社の右翼的教科書を除くどの教科書も、歴史的事実の記述において真っ当であり、「自虐史」と呼ばれるような記述は存在しない。

なかでも彼らがくりかえし問題にしているのが、南京大虐殺の記述である。しかし安倍首相が推薦する育鵬社の歴史教科書も含め、自由社以外の歴史教科書は南京大虐殺が存在した歴史的事実は事実として認めている。したがって争点は虐殺された人数であり、自民党右派の人々は「複数の説があるときは、多数説・少数説を明記」することを教科書会社に求めているが、すでに多数の教科書は虐殺された人数について、諸説があることを明示している。どのように考えても、「いまだに多くの教科書が自虐史観に立つ偏向した記述を行っている」という事実は存在しないのである。

安倍政権の虚妄による右翼的イデオロギー教育は、他にも「不適切な性教育やジェンダーフリー教育」に対する批判や、夫婦別姓の否定、朝鮮人学校に対する授業料無償化の廃止など、性差別、民族差別を推進する政策においても表現されている。

教師の政治的統制と教育委員会の廃止

教師に対しては「不適格教師」と「政治活動」が「危機」の中心とされる。そのために「教育公務員倫理規定」(仮称)を制定し、その違反者に対する「罰則規定」を「教育公務員特例法」に定め、「義務教育諸学校における教育の政治的中立に関する臨時措置法」を徹底させて、罰則主義による教師管理と「違法活動団体」の排除による「教育の政治的中立」を実現するという。さらに地方公務員特例法を改正して「政治的行為の制限の違反に対し免職を含めた懲戒処分」を行えるようにするという。

さらに「新教育職員免許法」を制定して、「不適格教師」を排除するための「教師インターンシップ制」を導入し、大学・大学院で教員免許の単位を取得しても「准免許」を交付してインターンとして働かせ、一－二年後に教育長が「教員の適性確認制度(仮称)」によって「教育公務員の責務(学習指導要領の遵守)をはたしているか等の観点から勤務実績を確認」し「教員の適性を確認」して「分限に値するかどうか」を判断し、「試験」を実施した上で、「普通免許状(本免許)」を与える制度を導入すると言う。

教育委員会制度については、その「形骸化」と「無責任」と「隠蔽」体質を見直し、首長が任免する教育長を責任者として、現行の教育委員会は教育長の「附属機関」とし、「教職員人事委員会」（仮称）を「首長の任命」で新設するという。これら一連の改革構想は、そのほとんどが橋下大阪市長を代表とする大阪維新の会が府議会に提出した「教育条例」と酷似している。

これらの教育制度改革を実現するためには、教育関連法規のほぼすべての改悪を必要としている。しかも、仮にこれらの改革をすべて法的に準備するとすれば、教育の法システムと行政システムは、なんら統一性も正統性もとれないものになるだろう。さらに言えば、国旗・国歌の強制に反対して校長の職務命令に従わなかった教師に対する東京都の処分に対して、一昨年、最高裁判所は「免職」や「減給」などの懲戒処分は違法という判決を下している。

安倍政権の教育改革は、憲法、教育基本法、地方教育行政法、教育公務員特例法などの現在の教育に関わるすべての法律の改正を必要としているだけでなく、最高裁判所の判決にも逆らう政策を打ち出している。憲法に抵触し最高裁判決を無視する政策を平然と選挙公約として掲げる安倍政権は、法治国家において、正統性を持った政権と言えるだろうか。

安倍政権の教育改革構想を検証すると、教育は自国中心のナショナリズムと、国益のための「人づくり」としてしか認識されていないようである。だからこそ、厳罰主義で子どもを思想統制して国家管理し、国家の奴隷として教師と学校と教育委員会を統制する教育改革の断行によって「日本を取り戻す」ことが宣言されているのだろう。そこには「幸福追求権」（憲法第一三条）、「生存権」（憲法第二五条）と一体となって成立した「教育を受ける権利」（憲法第二六条）に示された「基本的人権としての教育」という観念が完全に欠落している。

今日の教育は、もの言わぬ子どもたちと、もの言えぬ教師たちによって閉塞状況に閉じ込められている。子どもも教師も、日々、厳しい現実に直面しながらも学び教えている。これ以上、子どもも教師も、為政者の虚妄と妄想の犠牲にすることはできない。

2　教育の危機を増幅させる改革——教育格差・教科書・教育制度・教師教育

日本の教育の危機は多岐にわたり複合的で構造的であるが、この章では子どもの学ぶ権利、教科書と学力、教育制度、教師教育の危機に焦点化して、安倍政権の教育政策を検討することとしよう。

子どもの貧困による教育格差

現代日本の教育のもっとも深刻な危機は、貧困による教育格差の拡大である。OECDのPISA調査（二〇〇〇年から三年ごとに実施されてきた国際学力調査）の総括リポートは、学力の最大の規定要因が「社会経済的背景」にあると結論づけている。このリポートは興味深いことに、「社会経済的背景」への対応としてフィンランドと日本の二つを典型として評価し、その対応が真逆であることに注意を喚起している。フィンランドの成功が貧富の格差の縮小によっているのに対して、日本の対処は貧富の格差の拡大にもかかわらず、学校と教師の献身的努力によって学力格差を最小限にとどめていると、報告は評価している。指摘はそのとおりだが、もはや日本の学校と教師の努力は、限界に達していると言えよう。

民主党政権時代の二〇〇九年、厚生労働省は初めて子どもの貧困率を公表し、日本の子どもの相対的貧困率（国民が得る年収の中央値の半分未満の金額である人口が、全人口に占める比率。ここでの

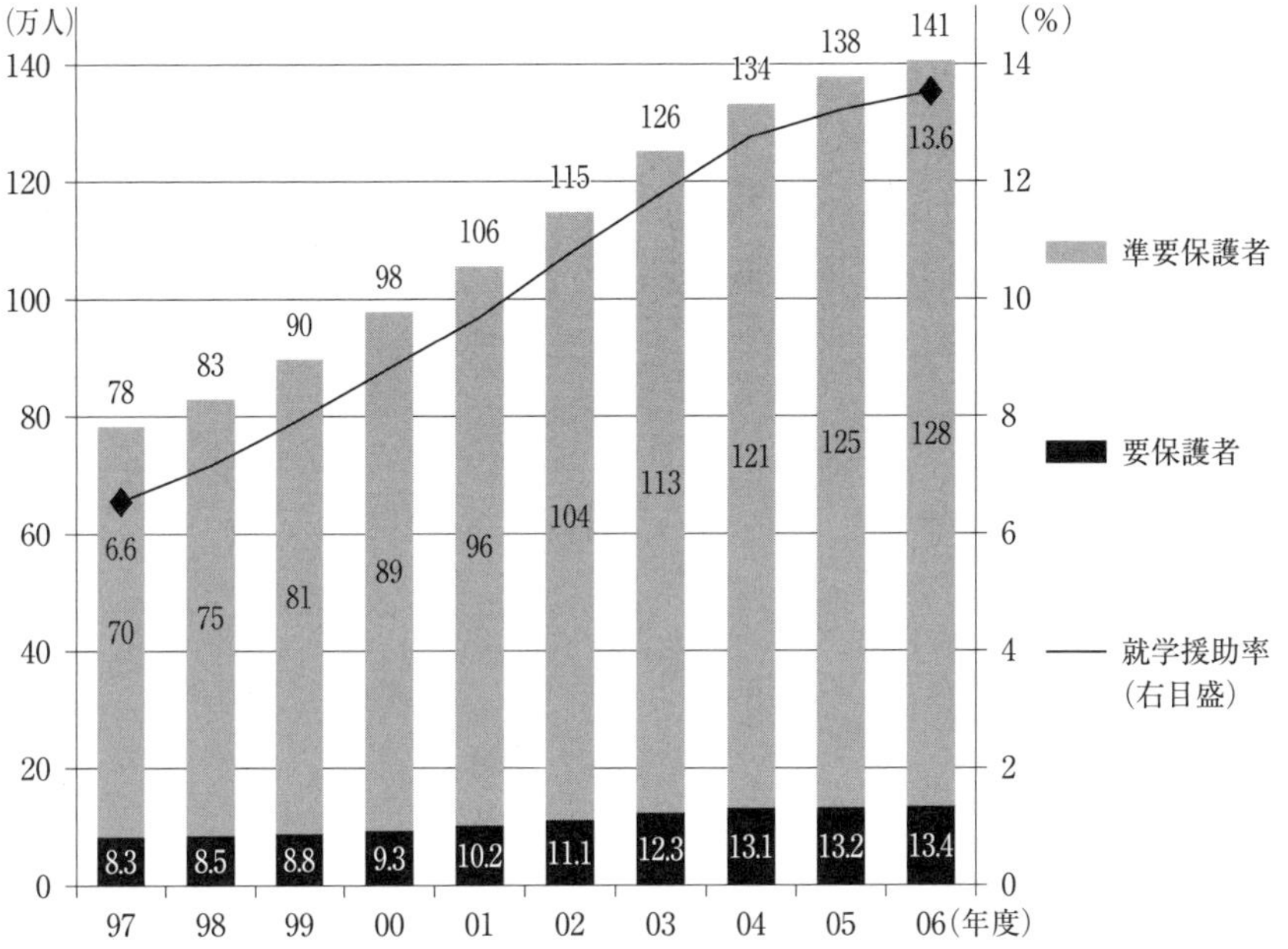

図1　就学援助受給者数の推移

（注）　就学援助率は，公立小中学校児童生徒総数に占める就学援助受給者の割合である．文部科学省「衆議院予算委員会提出資料」2008年2月より作成．

（出所）　鳫《がん》咲子「子どもの貧困と就学援助制度」(『経済のプリズム』2009. 2.)

年収は等価可処分所得＝所得から税金や社会保険料を差し引いた所得額）が一五・七％に達し、一人親の子どもの場合は五〇・八％に及ぶという深刻な実態を明らかにした。この子どもの貧困率は、OECD加盟国の中でワースト4であり、一人親の子どもの場合は同加盟国の中で最悪である。実に、加盟国全体の貧困児童生徒の一〇人に一人が日本の子ども、という状態である。これが世界第三位の経済大国の実態である。政治の貧困以外の何ものでもない。

貧しい子どもたちへの対応として就学援助の施策が行わ

れてきたが、その対象となる要保護（生活保護世帯）と準要保護の子どもの数は、過去一〇年間で倍増している（**図1**参照）。

ただし、この図の数値については考慮すべきことがらがある。小泉政権による三位一体の改革（国庫補助金改革、税源移譲、地方交付税の見直し）によって、二〇〇五年以降、準要保護者に対する国庫補助が廃止されて一般財源化し、一〇〇以上の市区町村で準要保護者の認定基準が引き下げられてきた。その結果、準要保護の認定基準は、地方自治体ごとに異なり、生活保護（要保護）の認定基準を1とすると、1から1・5という地域間の格差が生じている。たとえば、大阪市や横浜市などの八市は就学援助の基準の所得条件を、生活保護と同等に厳しく設定している。すなわち、就学援助を必要としている実際の子どもの数は、図で表された数よりもかなり多いことを認識しておく必要があるのである。そのことを除外したとしても、就学援助の児童生徒数の近年の激増は明瞭であり、東京都、大阪府は三〇％に接近し、北海道、山口県、高知県などは約二〇％、東京都の足立区は四〇％近くに達している（文部科学省「平成二一年度・要保護及び準要保護児童生徒数について」参照）。

この現状に対して安倍政権は目を向けないばかりか、従来の自民党の見解を踏襲し「貧困率に意味はない」と一蹴している。事実、二〇一二年一二月の衆議院選挙における自民党の公約を見ても、教育再生実行本部の改革案を見ても、子どもの貧困に関しては一言も言及されていない。もっとも、自民党の政策が子どもの貧困に対して無策であるというわけではない。同選挙前の公約において自民党は「幼児教育の無償化」を提唱しているし、大学への奨学金についても言及している。

しかし、安倍政権は政権発足直後の二〇一三年一月に生活保護基準の引き下げ(八—一〇%)を断行し、貧しい人々を社会から排除する政策を明確化している。二一世紀の政治は「包摂か排除か(inclusion or exclusion)」という恐怖政治に陥る危険性を孕んでいるが、この生活保護基準の切り下げは、自活する能力のない人は社会から排除するという恐怖政治の象徴的出来事であった。

それと同等の施策が、子どもの貧困に対しても開始されている。生活保護基準の切り下げの補完として安倍政権は就学児童生徒の貧困への対応策を約束していたが、四月二四日に「子どもの貧困対策法案」を提示し、関係閣僚で「貧困対策会議」も設置するという。一見すると、安倍政権も子どもの貧困に前向きに取り組むかに見えるが、実態はそうではない。民主党政権においても子どもの貧困対策法案は準備されており、民主党案と比較して自民党案の検討を行うことが必要である。

民主党案と比較して自民党案はどうか。結果は著しい後退である。民主党案は、貧困対策法案で対象とする子どもを二〇歳未満、一部の施策は大学等在学の二〇歳以上と規定していたのに対し、自民党案は一八歳未満としている。決定的な違いは数値目標の設定である。民主党案は、子どもの貧困率(二〇〇九年一五・七%)を二〇二一年までに一〇%未満に、一人親世帯の子どもの貧困率(二〇〇九年五〇・八%)を同じく二〇二一年までに三五%未満にすると明示していた。それに対して自民党案は、「子どもに対する教育支援などを、生育環境によって将来を左右されることがないように講じる」と基本理念を述べているだけで、数値目標を何ら示していない。自民党は

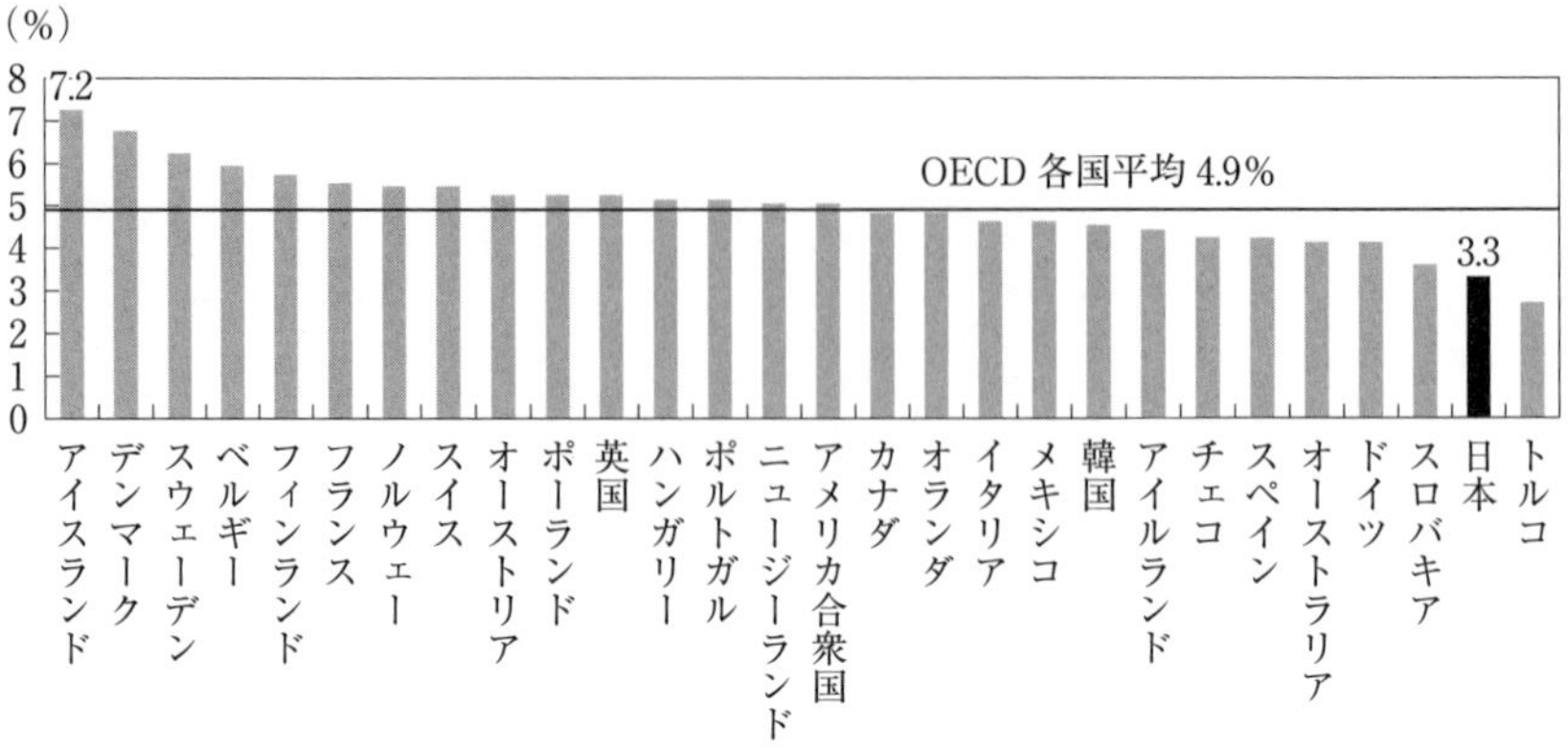

※トルコ(2.7%)は，前年はデータの提出がなかった.

図 2　公財政教育支出の対 GDP 比

出典：文部科学省「文部科学白書」2009 年．OECD「Education at a Glance (2009)」より作成．

公式的には「貧困」を認めておらず、「貧困率自体に意味がない」という立場を変えていないと言える。

図2をご覧いただきたい。日本の公教育費のGDPに対する比率(二〇〇九年)は、調査対象となったOECDに加盟する二八カ国中二七位であり、トルコに次いで最下位である。かつて一九五〇―六〇年代において日本の公教育費支出は、GNP比率でも政府予算費でも世界第一位であった。何という転落ぶりだろう。この財政問題を解決することこそが、安倍政権が取り組むべき第一の課題であろう。

公教育費の実質的な削減が続く中で、国民の教育費負担は世界最高額に達している。親の自己負担に教育が委ねられる限り、そして「アベノミクス」の経済政策が続行される限り、貧富の格差は拡大し、貧しい子どもたちは教育からも社会からも排除されてしまうだろう。

教科書によるイデオロギー支配

安倍政権の教育改革の主要な柱の一つは、「教科書制度の改革」である。

四月一七日、安倍首相は教科書検定制度の見直しに向けた検討会議を教育再生実行本部の下に設置する方針を固め、アジア諸国への配慮を目的に検定基準を定めた「近隣諸国条項」の撤廃について、六月中に答申することを明言した。教育再生実行本部は、今後の学習指導要領に「竹島」「尖閣諸島」「北方領土」を明記し、領土に関する教育を強化する方針を固めている。さらに衆議院選挙前の教育再生実行本部は、教科書の採択権を教育長に委ねる政策を掲げていた。学習指導要領を細かく記述して検定を厳格化して教科書を事実上「国定教科書」とし、その採択を教育長単独で行えるようにするというのが、安倍政権の教科書制度改革の骨格である。

これら一連の教科書政策に対して、海外の国々は敏感に反応している。安倍首相がオバマ大統領と会見する直前の二月一五日に公表されたアメリカ議会調査サービスの「議会調査報告」は、安倍首相の「歪曲された歴史観」「靖国参拝」「従軍慰安婦(「性的奴隷」と表現されている)の否定」などの右翼的政策がアジアの平和を脅かし戦争を誘発する危険について厳しく指摘し、安倍政権の閣僚が「右翼団体である日本会議」を母体とする「極右的」ナショナリストで占められていることに懸念を表明している。

このアメリカ政府の懸念を無視して四月二五日、安倍首相は、閣僚の靖国参拝に対して参議院予算委員会において「中国や韓国の脅しには屈しない」と述べ、村山談話を否定して「侵略の定義に関しては学会でも国際的にも定まっていない」と発言した。この発言に対しては中国、韓国、台湾、北朝鮮の諸国が猛反発しただけでなく、アメリカの主要新聞が社説で「安倍氏の恥ずべき発言によって日本は外国の友人を持てなくなる」(『ウォールストリート・ジャーナル』)、「安倍氏は歴史を直視することができない。中国や韓国の怒りは理解できる」(『ワシントン・ポスト』)と痛烈に批判している。

安倍首相の歴史を歪曲し好戦的な挑発を行う外交政策は、世界中の誰からも支持されていない。これほど愚かな外交政策があるだろうか。日本が戦後、世界の国々から信頼され尊敬されてきたのは、何よりも、平和主義と民主主義を尊重することによって世界の信頼を恢復し、経済成長を達成してきたことにある。その輝かしい実績もそこに培われた国際的信頼も、安倍政権はことごとく崩そうとしている。その象徴が「近隣諸国条項の見直し」であり「教科書制度の改革」と言ってよいだろう。

教科書において、解決すべき問題を述べておこう。諸外国の教科書と比較して、日本の教科書が解決すべき問題は二つある。第一は教科書の内容とボリュームが貧弱であり、知的魅力に乏しいことにある。「無味乾燥」という教科書に対する教師たちの批判は、国定教科書が制定された一九〇四年以来、変化していない。欧米諸国の教科書と見比べていただくと、欧米の教科書は内容的に充実しており、分量も日本の教科書の三倍から一〇倍程度である。一冊が三キログラムにもなる教科書もある。教科書の扱いがこの違いを生み出している。諸外国の教科書は学校の備品として備えられるのに対して日本の教科書は一人ひとりに与えられるため、一冊単位の単価が著しく安価につくられ、貧弱な内容と体裁にならざるをえないのである。このような現実的な問題こそ、まっさきに解決すべきであろう。

さらに日本の教科書は「検定」と「広域採択制」(教育委員会による採択)という、国際的に見て異例の制度を採用している。教科書制度には自由発行、認定、検定の三つの制度がある。ほとんどの国が自由発行制度を採用しており、次に多いのがカナダなどの認定制度であり、ドイツ、中国、台湾、日本などに見られる検定制度を採用している国は少ない。しかもドイツなどの検定制度は、憲法との整合性のチェックと個人の尊厳や人権の擁護が目的であり、日本のように教育内容を統制している国は、社会主義国を除けば皆無と言ってよい。この異常な検定制度こそ改革すべきである。安倍政権が断行しようとしている教科書制度改革は、国際社会の動向に逆行するものであり、厳密な検閲への改革は時代錯誤と言わざるをえない。

教科書の採択においても、日本の制度は特異である。ほとんどの国で教科書採択は、学校もしくは教師が自由に行っている。教育行政(教育委員会)が教科書採択を行っている国は、日本と中国しか見当たらない。安倍首相は、この事実を認識しているのだろうか。知事や市長が任命する教育長が単独で教科書の採択を行うという安倍政権の改革案は、国際的には「狂気の沙汰」としか見られないと思われる。グローバリゼーションの進展に伴い、どの国も教育における分権改革(decentralization)を推進し、教科書採択をはじめ、教員の人事権、教育財政の運営権、カリキュラムの決定権などを学校と教師に移譲する改革を推進してきた。それに対して、日本だけが、分権改革によって文部科学省の財源と権限は地方自治体に移譲されたものの、その財源と権限は都道府県の首長に移譲されただけで学校や教師のもとには委ねられず、分権改革にもかかわらず、逆に学校と教師がいっそう官僚的に統制される事態が生じている。この状態をこそ改革し、学校と教師の自主性と創造性を高めるべきであり、教科書の採択権も学校と教師に移譲すべきである。

安倍政権の教科書制度の改革と道徳の「教科化」は、国家権力で統制した教育によって、政治的イデオロギー的に子どもを教化することを目的としている。その先にあるのは憲法改正であろう。天皇を「国家元首」と規定し、「集団的自衛権」を明文化し、自衛隊を「国防軍」と改称し、さらに国民の「義務」を憲法でさだめて「人権」を制限する。二〇一二年に公表された自民党の憲法草案は、平和主義も民主主義も立憲主義も否定するという、どの憲法学者も容認し難い「憲法草案」となっている。

いったい安倍政権は、日本社会と子どもたちをどこに導こうとしているのだろうか。喫緊の課題である北朝鮮の脅威への対応についても、日本に求められるのは軍事力の増強でも史実を歪めた好戦的態度の表明でもなく、賢明な外交を遂行して国際社会の支持を獲得する政治であり、教科書問題などによる好戦的挑発や偏狭なナショナリズムの教育ではなく、世界平和を実現する不断の意志を育てる世界市民の教育であろう。

時代に逆行する学校週六日制と六・三・三・四制の見直し

安倍政権は「学校週六日制」の導入と「六・三・三・四制の見直し」を改革の「目玉」にしている。しかし、この二つは「世界トップレベルの学力」（安倍首相の施政方針演説）を実現する条件になるだろうか。

「学校週六日制」の導入は、第一次安倍政権の教育再生会議で積極的に議論され、「一〇%の授業時数の増加」が提唱されていた。授業時数を増やせば学力は向上するという短絡的思考は、あるいは大衆的な支持を獲得するかもしれない。しかし、そのような考えは根拠のない俗論であるし、数々の調査結果で見る限り、誤った考え方である。文部科学省が指摘してきたように、「授業時数と学力との相関は認められない」(中央教育審議会答申)のである。この点を少し詳しく述べておこう。

国際学力調査には、先述の二〇〇〇年から三年ごとに行われているOECDのPISA調査と、国際教育到達度評価学会(IEA)が行っているTIMSS調査(一九九五年から四年ごとに実施)の二つがある。PISA調査の結果を見ると、授業時数のもっとも少ないフィンランドが世界一の学力を達成してきた(二〇〇九年調査では上海)。世界一の学力を誇るフィンランドの授業時数は調査対象国の中でもっとも少ない(上海も同様)。TIMSS調査においては毎回、上位五位をシンガポール、韓国、香港、台湾、日本が独占してきた。なかでもシンガポールは毎回トップの地位を独占している。同調査においても、シンガポールの授業時数は調査対象国の中で最低レベルである(韓国、香港、台湾もシンガポールに次いで少ない)。すなわち、授業時数と学力の間には、逆の相関が見られるのである。これはどういうことだろうか。

試しに先進国と途上国に分けて授業時数と学力との関係を調べると、途上国においては授業時数と学力は相関関係を示しているが、先進国においては授業時数と学力は、逆の相関関係を示している。すなわち、途上国における教育は「量」的発展の段階にあるが、先進国の教育は「質」的発展の段階へと移行しているのである。したがって、先進国である日本においてこの事実を認識しないで授業時数を増やすと、逆に学力低下を引き起こす危険があることを認識しなければならない。

ちなみに、日本の子どもの学力水準は今なお、上位層においてはトップレベルにある。たとえば、ＰＩＳＡ調査のデータをもとに各国の上位半分の子どもの学力で比較すると、日本の子どもの学力水準は、どの実施年度のどの教科においても、第一位か第二位である。この事実は、学力低下の問題は、下位半分の子どもにおいて深刻であることを意味している。中位層と下位層の転落が年々激化しているのであり、そこに日本の学力低下の問題がある。したがって、安倍首相が宣言したように「世界トップの学力」を目標とするならば、教育の「量」の増加ではなく「質」の向上に政策を転換すべきであり、なかでも中位以下の学力の子どもたちの「学力」の「質」を向上させる改革を追求すべきであろう。

したがって、学校週六日制の導入はなんら改革の根拠を持っていない。そもそも学校週五日制は世界の趨勢であり、フランスにいたっては学校週四日制への改革が進行中である。学校の登校日数を増加すべきという政策提言はアメリカなどに見られないわけではないが、それらの提言は「学力向上」を目的とするものではなく、家庭と地域社会の崩壊のもとで、子どものケアを学校が行うしかないという判断によるものである。日本の場合、むしろ学校週五日制を堅持して教育の質の向上につとめ、家庭と地域社会のケアの機能を充実させる方向が妥当であろう。

「六・三・三・四制の見直し」も、安倍政権の独善性を示す提言である。「六・三・三制の見直し」は戦後一貫して、自民党の教育政策の主張をなしてきた。「六・三・三制」は憲法と同様、アメリカの占領政策の所産であり「屈辱的なもの」と認識されてきたからである。安倍政権においても「六・三・三・四制の見直し」は、「アメリカ式」からの脱皮として性格づけられている。

しかし、この認識は根本的に誤っている。確かに「六・三・三制」が最初に登場したのは一九一〇年代のアメリカの教育科学運動においてであり、中等教育の機会均等を保障する民主的政策として展開した。しかし、戦後日本において「六・三・三制」を導入したのは日本側で組織された教育刷新委員会であり、アメリカの占領政策によって導入されたものでもなければ、押し付けられたものでもない。実際、アメリカの教育制度は「六・三・三制」の地域もあることはあるが、その数は少なく、多数の地域は「八・四制」(もしくは「四・四・四制」)である。戦後日本の「六・三・三制」は「アメリカ式」として導入されたのではなく、一九三三年に近衛文麿内閣のもとに組織された政策研究集団「昭和研究会」(一九四〇年廃止)が提言した制度改革構想であり、この戦前からの悲願の改革構想を、戦後改革において実現させたものである。安倍首相も下村文科大臣も、「六・三・三制」の歴史に無知であり、ここでも「アメリカ式」という虚妄に囚われた改革を遂行していると言えよう。

しかし、安倍政権が「六・三・三・四制の見直し」に固執しているのには、もう一つの意図がある。現在の教育制度の民主的な平等原理を解体し、競争主義のエリート教育を実現させるねらいである。「飛び級」や「英才教育」の提唱がその現れである。しかし、これも時代錯誤である。

ＰＩＳＡ調査をはじめ、多くの国際比較調査が明らかにしたように、今日、競争主義のエリート教育は、どの国においても成功していない。「飛び級」や「一芸に秀でた人材の英才教育」などは、前世紀の遺物であると言ってもよいだろう。

ＰＩＳＡ調査が明らかにしたことは、二一世紀の教育改革の中心は「質(quality)と平等(equality)の同時追求」にあることである。世界トップ水準の学力を達成した国はどの国も、「質と平等の同時追求」を行っている。もちろん日本においても教育の卓越性を追求し、エリートをどう教育するかは重要な課題である。エリートの教育を成功させるためには、まず時代錯誤の発想を克服して「質と平等の同時追求」を達成し、機能不全となっている高校教育の授業改革と大学を始めとする高等教育の質の向上を行い、高校生と大学生の教養水準を引き上げ、大学院教育を充実させる改革を重点的に行う必要がある。いつまでもアナクロニズムの「飛び級」等による競争主義の教育に固執する安倍政権の教育制度改革は、自民党の政治家の主観的意図を裏切って、エリートの教育を不毛状態へと導く危険があると言えよう。

教師教育の改悪——専門性と自律性の危機

安倍政権の教育改革において、私がもっとも危惧しているのが、教師教育の改悪である。二〇一二年一二月の衆議院選挙前、自民党の教育再生実行本部の政策づくりにおいて、教師教育制度の抜本的な改革案が作成された。１章でもふれたように「新教育職員免許法」を制定して「教師インターンシップ制」を導入し、大学と大学院では「准免許」を交付し、一—二年後に教育長が

「教員の適性確認制度(仮称)」によって「勤務実績」と「教員の適性」を確認して「分限に値するかどうか」を判断し、「試験」を実施した上で「普通免許状(本免許)」を与える制度を導入するという。

この改革案は、大学の教師教育に対する不信、教師に対する不信、公務員に対する不信に満ち溢れている。と同時に、教師を教育の専門家とみなすのではなく、教育長(行政)への奉仕者とみなす考え方が貫かれている。いったい誰のための教師なのだろうか。

安倍政権の教師教育の改革案において危惧されることは、二〇一二年八月に中央教育審議会が答申した「教師の修士レベル化」の改革が、まったく反古にされていることである。安倍政権の教育改革グループは「修士レベルの教育がよい教師をつくるとは言えない」(自民党教育再生実行本部)と述べ、中教育審議会の答申を葬り去る意向を表明している。

この教師教育改革の構想も、独善的な思い込みと根拠のない思いつきによる改革であり、教師教育の客観的な現実から議論を出発させる必要がある。

日本の教師教育改革は、端的に言って、世界各国と比べて二〇年近い遅れをとっている。高度化と専門職化の遅れである。一九八〇年代の半ば以降、世界各国は、教師教育の学部レベルから大学院レベルへのアップグレーディングを遂行し、教師を医師や弁護士並みに高度化し、専門家としての自律性を与えて、その待遇の改善を行ってきた。たとえば、学力世界一を誇るフィンランドでは一九八五年に「教師教育の修士レベル化」が法案化され、一九九五年以降はすべての教師が修士号取得者である。

表1　中学校2年の数学教師の教育水準(%)

国	修士以上	学士	教育大学	国	修士以上	学士	教育大学
日本	9	91	0	タイ	16	79	1
オーストラリア	64	36	0	アラブ	26	70	4
イギリス	38	57	5	アメリカ	62	38	0
フィンランド	78	19	0	台湾	38	62	0
ニュージーランド	35	55	10	香港	33	62	5
ロシア	99	0	1	韓国	37	63	0
シンガポール	10	87	2	シリア	16	45	41

(TIMSS2011の調査報告2012より著者作成)

世界各国の教師教育の高度化は明らかである。TIMSS調査(二〇一一年)における対象国六七カ国・地域の教師調査の結果を見ると、小学校四年の教師の修士学位取得率は二四%、中学校二年の教師の修士学位取得率は二七%である。**表1**に明らかだが、日本の教師の教育水準は諸外国と比べて著しく低い。

この表の補足を行っておこう。TIMSS調査対象の半数以上は、アフリカ諸国など途上国である。アメリカは州ごとに免許法が異なるが、修士号取得が標準であり、通常学部卒で教職に就いた後五―七年で終身雇用(テニュア)を取得する際に修士号の学位を求められるので、約七割が修士号以上、約三割が学士となっている。ドイツ、フランス、スペインなどを表から除外したのは、それらの国では修士号は付与していないものの、教師教育が医師教育と同様六年から七年かけて行われ、実質的に大学院レベルで実施されているからである。なおイタリアは先進国の中では例外的な存在であり、今なお小学校教師の教育水準は学士号以下(中学校教師は学士レベル)で、国際的に見て最低水準にある。シンガポールの教師の修士取得率は低いが、生涯学習として全教師を対象とする大学院レベルの研修が系統的に実施されている。

これらのデータが示すように、日本の教師の教育レベルは、小学校教師においても中学校教師においても、世界最低のレベルにある。東アジア諸国において教師教育の高度化がもっとも遅れているのは中国であるが、その中国においても近年は、都市部の新任教師のほとんどが修士号取得者である。修士号取得者が一〇％以下という日本の教育水準は、途上国の平均レベルより下である。

日本の教師の修士号取得者（専修免許状取得者）の比率は、幼稚園教師で〇・五％、小学校教師で三・七％、中学校教師で六・五％、高校教師で二二・二％である（文部科学省「平成二二年度学校教員統計調査報告書」）。新規採用教師の専修免許状取得者は近年漸増傾向（二〇一〇年で小学校六・四％、中学校一二・一％、高校二二・五％）にあるとは言え、各国の新採教師の大半が修士号を取得しているか、大学院レベルの教師教育を経験している現状と照らし合わせると、教師の教育水準の国際的地位の格差は拡大する一方である。この高度化の遅れは放置できない状況にある。一刻も早い政策対応が求められる。

一九四九年に「教職員免許法」が施行され「大学における教員養成」が実施されて以降、一九七〇年代まで、日本の教師の教育水準は世界一であった。一九四九年当時、大学における教員養成が実現していた国はアメリカだけであり、しかも一六州のみであった。ヨーロッパ諸国は高校レベルか短大レベル、他の諸国は中学校レベルであった。当時の大学進学率は一〇％以下（女性は五％以下）であり、世界一の教育水準の優秀な教師たちが、日本の経済と文化の迅速な復興と奇跡的な発展の推進力になったことは明らかである。

しかし、一九七〇年代に欧米諸国やアジア諸国が日本の教師の教育水準に追いつき、その後、欧米諸国とアジア諸国の教師教育は大学院レベルにシフトしてきたにもかかわらず、日本の教師教育の高度化と専門職化は、著しく立ち遅れて今日を迎えている。この遅れは、早急にとりもどさなければならない。そうしない限り、今後、日本の政治も社会も経済も文化も、世界から取り残されてしまうだろう。その意味で、二〇一二年の中央教育審議会答申は決して反古にしてはならない重要な答申なのである。

教師の教育水準の転落に加えて、教師の待遇の転落についても触れておこう。ＯＥＣＤの二〇一二年版の調査報告を見ると、二〇〇〇年から二〇一〇年にかけてＯＥＣＤ加盟国のほぼすべてが教師の給与を大幅に上昇させたのに対して、日本とフランスとスイスの教師だけが給与を下落させており、しかも日本の教師の給与の下落率は最悪の九％である。

教育水準と同様、日本の教師の給与は一九八〇年代まで世界でトップであった。その待遇も急激に悪化し、現在では国際的に見て平均レベルになっている。そして現実には、文部科学省の調査に見るように、日本の教師の週あたりの労働時間は平均五二時間に達しており、教職調整額（残業手当を支給しない代替措置）が四％与えられているとは言え、それを超える超過勤務の手当が支給されていないことを顧慮すると、実質的な待遇に関しても世界最低レベルに落ち込んでいると言えよう。

教育の専門家としての自律性についても同様である。教科書の選択権が与えられていないことを前述したが、日本の学校と教師の自律性は、カリキュラムの決定権、学校財政の決定権、教員人事の決定権など、どの指標をとっても他の諸外国と比べて、著しく制限されている。どの国々も分権改革を推進し、学校と教師の自主性と創造性と自律性が強化されているにもかかわらず、日本の学校と教師は逆にいっそう官僚的統制が強化され、抑圧的で息苦しい教職生活を送っている。新任教師に「准免許」しか与えず、一―二年インターンで仮雇用して「勤務実績」と「試験」によって教育長が「本免許」を与えるという教師教育の改革案が、教師に対する官僚主義的統制をいっそう強めてしまうことは明瞭である(教師の統制については第四章で詳述)。

安倍政権の教育政策は、どれも時代錯誤の独善的で短絡的な思考に拠っている。TOEFLの英語試験を高校の修了資格と大学入試に導入すればグローバルな国際性が育つと考え、文系の大学入試にも理数系科目を入れれば「世界最高水準の学力」が形成されると考える。これらは短絡的思考の最たるものと言えよう。これらの愚策が断行される過程で確実に日本の教育は崩壊し、教育の平等は破壊され、教育の質は著しく低下する。その危機は何としても阻まなければならない。

3　教育委員会制度改革の問題点

自民党・教育再生実行本部の「中間とりまとめ」(二〇一二年一一月二一日)では、現在の教育委員会制度が「無責任な教育行政システム」であると断定されている。大津市立中学校や大阪市立桜宮高校における生徒の自殺など、絶対にあってはならないことが起きてしまった原因の分析において現行の教育委員会制度が抱える問題点を指摘し、改革することは是非とも必要である。また、このような事件・事故の未然防止を旨として「危機管理能力」を向上させることも当然に求められよう。しかし、事務局を含む教育委員会の大部分は、必ずしも十分な権限を持たず、人的・物的資源も不足するなかで、地方分権時代に相応しい教育の実現に向けて努力しているのが実態である。冷静に事実を見れば、教育委員会制度を「無責任な教育行政システム」と一刀両断に切って捨てることができるだろうか。

安倍政権はこの「無責任体制」を改めるために、教育委員会を実質的に廃止し、首長が任免する常勤の教育長を地方教育行政の責任者にしようとしているが、それですべての子どもに質の高い学校教育を保障する、真に責任ある体制が確立されるとは考えられない。むしろ、以下に述べるように、多くの子どもたちを意味のある学びから排除することになる危険性を孕んでいると考えられる。

教育委員会制度はどう変えられようとしているのか

現在は、首長が原則五名の教育委員を各自治体の議会の同意を得て任命し、教育委員の互選により、教育委員会の代表者としての教育委員長が選ばれている。教育長は、教育委員のなかから教育委員会が任命することになっているが、教育委員のなかで唯一の常勤職員として事務局の指揮監督にあたるため他の仕事との兼務というわけにはいかず、また教育行政に関する専門的能力が必要とされるため、教育委員に任命される時点で教育長就任が前提とされていることが多い。そのため、首長が教育長を任命するという点だけみれば、現状と大差ないように思えるかもしれない。しかし、安倍政権の教育委員会制度改革は、詰まるところ首長が直接任命も罷免もできる教育長を、教育委員長の代わりに地方教育行政の責任者としようというものである。その結果、首長の意向が教育行政に格段に強く反映されることになるのは確実である。

そもそも、教育委員会の性格が根本的に変えられようとしている。現行の教育委員会制度は、合議制執行機関という特別な仕組みを採用している。ここで言う「執行」とは日常的な行政事務の執行ではなく意思決定そのものを意味しており、執行機関は人間の身体で言えば「頭」にあたる。つまり、教育委員は首長によって任命されるが、いったん任命されてからは独立して教育行政を担うことになっている。さらに、首長が単独で判断し決定する「独任制」執行機関であるのに対し、教育委員会は複数委員の合議によって意思決定を行うという点も地方教育行政の特徴である。このような制度を採用しているのは、教育内容や教育実践に大きな影響を及ぼす教育行政が、特定の政治的信念や個人の価値観に基づいて行われることがあってはならないからである。

安倍政権が企図する教育委員会制度改革は、この教育行政の政治的中立性原則を廃棄するものである。教育委員会はもはや独立した執行機関ではなくなり、教育長も他の行政部局の長と同様に、首長を頂点とする行政機構内部の命令系統に位置づけようとしている。教育再生実行会議の「教育委員会等の在り方について（第二次提言）」（平成二五年四月一五日、以下「第二次提言」と表記する）では、「諮問機関」（「中間とりまとめ」）という言葉は使わず、新しい教育委員会の役割について「地域の教育の在るべき姿や基本方針などについて闊達な審議を行い、教育長に対し大きな方向性を示すとともに、教育長による教育事務の執行状況に対するチェックを行う」とした。教育方針・政策の決定における「闊達な審議」はもとより大いに期待されることだが、その実質的決定権限は首長に移り、教育長がその意を汲んで事務の指揮をとることになる。

もっとも、戦後の一時期には住民選挙で教育委員が選ばれていたこと（教育委員公選制）からすれば、一九五六年に「地方教育行政の組織及び運営に関する法律」が制定され、現在の首長による任命制へと変更された時点で、一般の行政とは異なる制度に基づいて教育行政を行うという理念はかなり薄められていたと言える。さらに近年では、一部の自治体で社会教育・生涯学習などに関する事務執行を教育委員会から首長部局へと委任していたり、条例によってスポーツや文化に関する事務の管理執行を首長権限とすることができるようになっている（「地方教育行政の組織及び運営に関する法律」第二四条の二）。このように教育行政に関する首長権限は徐々に強められているが、それでも教育委員の交替時期をずらして首長が自分の意に沿う人物を一度に任命することができないようにするなど、首長の教育行政に対する影響力に一定の歯止めを利かせている。

外国と比べて首長に強力な権限が付与されている日本の地方行政制度では、首長への権力一元化を抑制する議会のチェック機能が重視されるが、なかでも教育行政においては、教育委員会と首長の間で権限が制度的に分散されている(小川正人『市長村の教育改革が学校を変える――教育委員会制度の可能性』岩波書店、二〇〇六年)。教師による部活動中の体罰が原因となって生徒が自殺した大阪市立桜宮高校の体育系学科募集中止に難色を示す教育委員会に対し、橋下徹・大阪市長が「中止しなければ予算を執行しない」と迫ったことは記憶に新しい。入試に関する決定は教育委員会が行うが、その予算執行は首長の職務権限なのである。ある民主党議員はこの行為を首長による地方教育行政の中立性に対する侵害であると指摘したが(朝日新聞二〇一三年一月二五日)、見方を変えれば、権限の二元化によって首長「専制」がまだしも抑制されているからこそ生じた対立であるとも言える。安倍政権のもとで地方教育行政制度改革が進めば、権力的・政治的な教育介入に対する、この程度のチェック・アンド・バランスすら働かなくなる。

元来、教育の公正・中立性を守るために、教育行政を地方政治から切り離すことが教育委員会制度の目的であった。しかし、そのために住民の意向が反映されにくくなり、代わりに文部省(現在の文部科学省)―都道府県教育委員会―市町村教育委員会という教育行政特有の閉鎖的な縦系列支配体制が生まれ、さらに現体制から利益を享受している教職員組合などの抵抗勢力に阻まれて改革が進まないという批判(当否はともかく)が、以前より政治家や研究者によって唱えられていた(西尾理弘『教育行政改革への挑戦』山陰中央新報社、二〇〇二年、穂坂邦夫『教育委員会廃止論』

弘文堂、二〇〇五年、新藤宗幸「教育委員会は必要なのか」岩波書店編集部編『教育をどうする』岩波書店、一九九七年など。ただし、それらの批判と改革提案の内容は一様ではない)。地方分権時代に相応しく、住民が選んだ首長の教育行政におけるリーダーシップと影響力を強め、政治を教育から遠ざけるのではなく、教育をよりよく改革するために政治の力を活かすのだという主張には、一部肯けるところもある。たとえば、少人数学級を実施して、一人ひとりの子どもに行き届いた教育を実施したいという首長の強い政治的意志は、地方議会での承認を得る必要はあるが、実現される可能性が高い。しかし、教育委員会制度を実質的に廃止し、首長の教育行政に関する権限を強めることで教育改革を推進しようとすることには、以下のような問題点がある。

地方の自主的な教育改革を促進するか

第一に、地方分権時代に相応しい教育改革が進まないのは、教育委員会が地方政治から隔離されて「聖域」ないしは「独立王国」になっているからだ、という主張は、確かな分析に基づいたものであるとは言えない。現実には、事務局を含む教育委員会は国の政策のもとで、地方の実情と課題に応じた教育を進めようと努めている。また、教育再生実行本部のメンバーである義家弘介・衆議院議員などが常々唱えている「教職員組合に支配されている地方教育行政」との批判は、それこそ特定の政治的立場からのものであり、一般的な事実を反映したものとは言えない。地方の自主的な教育改革が思うようには進んでいないとしても、地方教育行政の「聖域」性がその主な原因であるとは断言できない。

現在の教育委員会には、制度本来の理念を実現するのに必要な権限が与えられていない。前述のように戦後教育改革期の教育委員会は、現在と違って公選制であっただけでなく、教育事務に関して議会での議決を要するものの議案原案、並びに教育予算原案を作成して首長に送付する権限を有していた。敗戦直後の逼迫した地方財政や当時の教育行政担当者の経験・力量不足ゆえに、こうした権限が十二分に活用されたとは言いがたい面もあったが、学校単位でも地域と子どもの現状を反映した教育実践の創造が奨励されていたこともあり、地域教育計画と呼ばれるユニークな取り組みが全国各地で生まれた。しかし、「地方教育行政の組織及び運営に関する法律」の施行(一九五六年)以降は、教育委員会が独自政策を推進しようとしても、その裏付けとなる予算編成権限がなく、市町村教育委員会の場合は教職員の人事権も持たない。

確かに教育委員会には自主的に教育改革を推進する能力が不足しているとか、新しいことにチャレンジする創造的なアイディアが生まれにくいという面はあるかもしれない。しかし、そうした問題点は、指導主事など専門職を含む事務局体制の充実や、幅広く住民の意見を教育行政に反映させる社会的対話の促進によって対応可能である(事実、教育再生実行会議はこのような提言も行っている)。他にも、教育委員会の代表者である教育委員長と事務局の長であり行政事務を統轄する教育長の関係が不明確で責任の所在があいまいであるとか、非常勤の教育委員が月に一、二回の会議でできることには限界があり、迅速な意思決定ができないという問題点が指摘されており、これらも一面の真実を衝いてはいる。しかしここからただちに、地方政治や一般行政から隔離されていることが教育委員会制度形骸化の原因であり、首長の権限を強めれば地方教育行政が活性化するというのは論理的飛躍である。

興味深いことに、教育再生実行本部の第三回会議(二〇一三年二月二六日)の席上、首長が教育の中身について口を挟むことができない現状が問題だとする八木秀次委員(高崎経済大学教授)の発言に応える形で、貝ノ瀬滋委員(三鷹市教育委員長・前教育長)と蒲島郁夫委員(熊本県知事)から、教育委員会が首長の言うことを聞かないということはあり得ない、教育に関する首長の力は十分強いとの意見が述べられた。総合的視点からする地方自治体政策・行政の一貫性は不可欠なものであり、首長が教育委員会と協議しながら自分の方針を教育政策に反映させていくことは、現行教育委員会制度のもとでも、十分に可能なのである。

第二に、仮に現在の教育委員会制度のもとでは既得権益団体・組織からの抵抗があって改革が進まない面があるとしても、首長が地方教育行政のトップになれば迅速・機敏に地方教育行政を推進できるという保障はない。首長が独自の教育政策を強く打ち出すならば、首長の交替に伴って政策変更が生じ、前任者が手掛けた改革を否定する「前の改革に対する改革(reform of a previous reform)」が繰り返されたり、教育行政の安定性や継続性が脅かされたりする危険性が大きい。

日本の教育委員会制度がモデルとした二〇世紀初頭におけるアメリカの地方教育行政改革は、地方政治の駆け引きと頽廃から距離を置くことによって、効率的かつ専門的な教育行政を実現することを目的としていた(Tyack, D. (1974). *The one best system: A history of American urban education*, MA: Harvard University Press.)。現在の日本でもそう事情は変わらない。地域の教育は多くの住民や組織・団体が関心を持ち、多様な価値観や信念が衝突しあう可能性のある行政分野である。そのため、教育行政がさまざまな利害が直接的に持ち込まれる地方政治の只中に置かれることで必要な改革の推進が滞るだけではなく、特定の価値観や信念に基づいて、権力的にある教育が強制されたり、逆にある教育が否定されるということが起こり得る。その一例は二〇〇三年七月、東京都立七生《ななお》養護学校で起きた事件である。同校では障がいを持つ子どもの心とからだの発達ニーズに応えようと保護者の理解を大切にしながら積み上げられてきた性教育実践について複数の都議が「不適切」「行き過ぎ」と決めつけて禁止させ、関連して多くの教師たちが処分された。東京地方裁判所(二〇〇九年三月一二日)は、この政治的介入を教育基本法一六条(旧法一〇条)が禁じている「不当な支配」に該当するとし、東京都教育委員会がこの「不当な支配」から学校と教師たちを保護すべき義務を怠ったこと、また、子どもとその保護者の声を聴かず、専門的判断をせずに性教育実践を禁止させたのは、裁量権の濫用にあたることを認定した(児玉勇二『性教育裁判――七生養護学校事件が残したもの』岩波書店、二〇〇九年)。

すべての子どもたちに意味のある学びを保障するか

第三に、すべての子どもに対する質の高い学校教育の保障という観点からは、首長に強力な権限を認め、地方教育行政を「政治化(politicize)」することになる教育委員会制度改革は、さらに深刻な問題を孕んでいる。

既に述べたとおり、教育政策が政治課題としてクローズアップされることで実現に寄与する面はあるが、同時に有権者の興味・関心をひきやすく、公約や実績の形で訴えることのできる教育政策が採用されやすくなる。今日の日本では、少人数学級の実施を積極的に進めたり、地域と学校の協同を強めることで教育の質を高めようとする首長もいるが、むしろ学力テスト、学校別成績公表、学校選択制を主要な柱とする「競争による教育改革」が首長主導型教育改革の典型であると言える。

たとえば、二〇一二年に佐賀県武雄市では文部科学省の全国学力・学習状況調査(全国学力テスト)の学校別結果が市のホームページに公開され、大阪市では学校別成績を校長の判断により公表できることを決定した。これらは学校別公表に慎重な姿勢を示す教育委員会や学校現場を、市長が押し切って実現したものである。大阪府泉佐野市でも市長が二〇一二年度の大阪府学力テスト結果を学校別に公表し、二〇一三年度の全国学力テストについても同様に公表する意向を示した。公表に反対する市教育委員会は、全国学力テスト不参加やテスト結果を市長に知らせないという対応まで検討していたが、文部科学省が「学校の序列化や過度の競争を生じさせる」として学校別結果の非公表を求めてきた実施要領の再検討を表明したことを受け、とりあえず二〇一三年度の公表は見送られた。以前、鳥取県や秋田県で行われた学力テスト結果公表も、知事(首長)主導によるものであった。大阪府知事時代に、府下市町村教育委員会に対して全国学力テストの成績公開を強く迫った橋下徹・大阪市長は、教育における競争の重要性を常々主張しており、目下、学校選択制の導入を目指している。

近年、アメリカでもニューヨーク、フィラデルフィア、シカゴなど都市を中心に教育委員公選制から首長任命制に変更したり、首長が教育行政の直接責任者となる「首長統制(mayoral control)」が進んでいる。このような「教育首長(educational mayor)」は、協議や意見聴取の価値を軽視するトップダウン型決定スタイルと「アメとムチ(incentives and sanctions)」を駆使した企業モデルを導入し、教育行政機構内部から個々の教室に至るまで指示・命令の貫徹を要求するとともに、学校間競争によって学力テスト結果を向上させる教育改革を推進している。テスト結果に対する学校と教師の責任(アカウンタビリティ)を強く求めることで国民の学力向上という目標を達成しようとする「どの子も置き去りにしない法(No Child Left Behind Act)」(二〇〇一年―)が施行されているアメリカ(北野秋男・吉良直・大桃敏行編『アメリカ教育改革の最前線』学術出版会、二〇一二年)では、こうした市長統制による教育改革はその象徴的存在となっている。しかし、教育市長が例外なく喧伝する教育の政治的統制による成果は、客観的・学術的に検証されたものではない(Bulkey, K.E.(2013). *Review of "Mayoral governance and student achievement: How mayor-led districts are improving school and student performance."* Boulder, CO: National Education Policy Center.)。

アメリカではカリキュラムの幅とバランスを犠牲にしてテスト教科の授業時間が増やされていたり、「テストのための授業(teaching to the test)」が蔓延しているという、学力テスト重視の弊害が各地で報告されている(ダイアン・ラビッチ(本図愛実監訳)『偉大なるアメリカ公立学校の死と生――いかにテストと選択が教育をだめにしてきたか』協同出版、二〇一三年)。州や学区の間にもテスト結果に基づく競争があるため、テストの難易度や合格水準を低下させることによって合格者数を増やすといった操作も行われている。また、テスト成績の向上をもたらしてくれる子どもを選別して入学させ、逆に不登校や障がい、学習困難などの理由で良い成績が期待できない子どもの入学を拒否したり、試験前に停学・退学させたり、特別支援が必要な児童・生徒に認定して他の学校に転校させている学校がある。一部の学校では児童・生徒の構成を変えることによりテスト成績を向上させることができるが、それは心と体、人種、民族、言語、階層などの面で、もともとハンディキャップを背負わされている子どもに対する排除を意味している。

子どもの理解を診断的に評価し、授業、カリキュラム、教育政策・施策の改善を目的として使用するのであれば、テストはきわめて有益である。しかし、テストには測定誤差がつきものである。さらに、テスト結果を左右する要因には学校の教育活動だけでなく、子どもの学習履歴、家庭、地域の社会経済的環境などが数多く含まれる。このようなテストの不安定性や複雑性を考慮せず、結果に対する責任(アカウンタビリティ)を教師と学校に求めるならば、弊害が利点に勝る。アメリカやイギリスでは、生徒のテスト成績に基づいて教師と学校を査定的に評価することの弊害が既に顕在化しているが、日本でも「指導力不足」と指摘されるのを怖れた教師が生徒に事前にテスト問題を教えたり、誤答を書き直させたことが報告されている(朝日新聞二〇一三年二月一四日)。こうした「不正」は教師個人の資質や能力の問題ではなく、テストで測定される教育の成果が最優先される成果主義的圧力の高まりを背景として生じている、構造的な問題である。

次の文章は、二〇一一年度にA大学で実施された教員免許更新講習の受講者の一人である現職教師によって、「理想と現実のギャップ」というテーマで書かれたものである。

週一時間総合的学習の時間がありますが、その内容は朝自習のまとめテスト(三教科)と解答で終わってしまいます。本来、その時間はテーマに基づいて生徒が考え、実行するといった問題解決とか自発的能力とかを引き出すための時間ではないかと思うのに、です。朝自習まとめテストなどは、各教科の時間で行うべきものではないかと思うのですが、カリキュラム上、少しの時間も惜しいようで進学実績をあげることを一番の目標としています。

重要なことは、こうしたやり方で進学実績や学力テスト成績が向上したとしても、授業と学びの質はまったく向上していないことである。学力テストの学校別成績公表を要求する政治家はしばしば、「序列を隠すことが問題だ」「競争によって学校が学力をあげる努力をするので、子どもたちにとってよいことだ」と主張するが、競争的環境は教師を含む人々の関心を、学びそのものから遠ざける。安倍政権の教育改革は子どもたちの学びの質に対する無関心を特徴とし、後述する学校と教育委員会に対する第三者評価の導入、教員評価の厳格化と給与への反映などの手法によって学校と教師を管理し、競争させようとするものである。教育の政治的統制を強める安倍政権の教育委員会制度改革は、学びの質の問題を置き去りにし、見えやすい成果の獲得競争を加速させ、すべての子どもに対する意味のある学びの保障にはつながらない。それどころか、質の高い学校教育をもっとも必要としている子どもたちの排除を拡大する危険性が大きい。

地方教育行政の民主主義的基盤を弱体化させるおそれ

第四に、安倍政権の教育委員会制度改革は、多様な価値観を持つ人々が自分とは異なる意見であっても尊重しあい、相互理解に努める民主主義を脅かす。

首長は選挙で選ばれているから政治的正統性を有し、「民意」を反映した教育行政を実行できるという主張は、民主主義の形式的側面についてしか述べていない。選挙では教育以外にも論点があり、教育に関する公約を掲げた候補者への投票が、その教育政策の支持を示すものとは限らない。しかも、保育園、幼稚園、学校に通う子どもたちの保護者は有権者の一部でしかないうえに、当事者に他ならない子どもたちの意見は、選挙に基づく民意には反映されない。もちろん、このような「選挙民主主義」が持つ形式性の問題は教育以外の行政分野にも当てはまるのであり、審議会や公聴会などを活用して絶えず住民の声を政策に反映させ、民主主義をより実質化させる努力が求められる。

特に教育委員会制度は、教育や教育行政の専門家ではない「素人(layman)」を教育委員として、地方教育行政の意思決定を専門家の手だけに委ねず、民主主義的に行う仕組みである。確かに非常勤の教育委員がただ月一、二回の定例会議に出席するだけならば形骸化の誹りを免れないが、近年は保護者委員の選任や年齢、性別、職業などの多様性に配慮した委員の人選を促すなど、教育委員会の活性化策が講じられてきた。また、教育現場訪問や教育課題の学習会に積極的に参加している教育委員も少なくない。事実、教育再生実行会議の委員たちは、形骸化していると言われる教育委員会を実際に自分たちで確かめるために実情視察や教育委員との懇談を行い、このような取り組みを評価している(第四回会議要旨)。それにも関わらず、「第二次提言」は、地域における民主主義を大きく後退させてしまう教育委員会制度改革を提言しているのである。

ここでも「大阪維新の会」が教育基本条例の制定等を通して推進している首長の権限強化に、民主主義の典型的危機を見ることができよう。橋下徹・大阪市長は大阪市立桜宮高校の体育系学科募集中止を二〇一三年度入試も目前となった時期に教育委員会に要請し、多くの在学生や、それまで入学を目指して受験勉強を続けてきた生徒とその保護者からの反対の声を押し切って強行した。その際、橋下市長は「自分が間違っているならば選挙で落とせばよい」という発言を行っている。しかし、選挙権を持たない生徒たちは投票できない。かりに将来学科が復活して入試が再開されても、現在の受験生が同学科で学ぶ機会は回復されない。当事者との真摯な対話を選挙による信任にすり替えてしまう態度は、自分とは異なる意見にも耳を傾ける民主主義の理念から最もかけ離れている。

「第二次提言」では、コミュニティ・スクールや学校支援本部の設置を促進し、こうした仕組みを通して、地域住民の意向を地方教育行政や学校運営に適切に反映させるべきだとしている。この提案には教育における地域民主主義を促進する可能性がある。たとえば韓国では、日本のコミュニティ・スクールの学校運営協議会にあたる学校運営委員会の委員に教育監(教育長)と教育委員の選挙権を与えたところ、地域の教育に対する住民の関心が高まった経験がある。しかし、コミュニティ・スクールや学校支援本部など、既存の学校参加制度を通じて地域民主主義を活性化させることには問題もある。現状では、保護者よりも自治会関係者など地域の有力者の影響力が強く、女性(母親)より男性の意見の方が反映されやすい。家父長制的・権威主義的、保守的・道徳主義的な声ばかりが教育に関する地域の意向として正統化される傾向がある。そうならないように、コミュニティ・スクールや学校支援本部などの参加制度の構成とそこにおけるコミュニケーションの質を、より民主主義的なものとするよう絶えず努める必要がある。

第五に、焦点化された介入と第三者評価の仕組みを通じて、地方教育行政と学校教育に対する国家統制が強まる。

「中間とりまとめ」は、文部科学大臣が教育委員会に対して法令違反や事務の管理・執行の怠りを改めるよう指示したり、是正を要求できる場合の要件を緩和して、地方教育行政に介入できる権限を強化すべきであるとしている。もともと、文部科学大臣の指示・是正要求権は、地方分権改革の一環として一九九九年に「地方教育行政の組織及び運営に関する法律」から削除されたものであった。それを第一次安倍内閣(二〇〇六年九月—二〇〇七年九月)のもとで、児童・生徒の生命・身体や教育を受ける権利が侵害される恐れや地方公共団体の法令違反がある場合という条件を付して、復活させたのである(四九条、五〇条)。当時も、いじめ自殺事件や高校における必修科目未履修問題が法律改正の理由にされており、「危機」を煽ることで改革を推進する手法は現安倍政権のものと変わらない。現在までに文部科学大臣がこの指示・是正要求権を行使したことはないが、今後安倍政権が最重要視する道徳教育の徹底、教師の服務・規律管理、教職員組合による教育行政への「介入」是正などのために行使されないとは限らない。仮に実際には使用されなくても、国の意向からの逸脱を学校と教育委員会に「自制」させる「伝家の宝刀」効果は高い。

また「第二次提言」は、教育の質の向上を目的として、地方教育行政や学校教育に対する第三者評価の仕組みを検討するとしている。しかし、真に教育の質的向上に貢献する第三者評価には、膨大な時間と労力、高度な専門知識と経験、そして何よりも評価する側と評価される側の間の信頼が求められる。せいぜい数日間の学校訪問と学校データ・文書の形式的な検討だけでは、意味のある評価は望めない。安倍晋三首相と安倍政権の教育改革の中心人物である下村博文・文部科学大臣が以前から強い関心を寄せているイギリスの教育水準庁(Office for Standards in Education)による学校視察制度は、学力テスト成績を主な基準とする学校の格付けを実施した(中西輝政監修・英国教育調査団編『サッチャー改革に学ぶ教育正常化への道』PHP研究所、二〇〇五年)。改善の必要ありと評価され、特別措置の対象とされた学校の子どもと教師は特に強いストレスに曝されたが、この第三者評価制度が教育水準の向上に貢献したという証拠は、きわめて乏しい。むしろ、教育水準庁による第三者評価のある意味での「成果」は、国が奨励するパッケージ化された教育内容と方法である「数・計算の時間(numeracy hour)」、「読み・書きの時間(literacy hour)」の実施を学校と教師に徹底させたことにある(阿部菜穂子『イギリス「教育改革」の教訓――「教育の市場化」は子どものためにならない』岩波書店、二〇〇七年)。教育の国家統制強化を図る安倍政権が第三者評価に求めるものが、教育の質の向上への専門的支援であるのか、それとも学校と教師の思考と行動を国家の望む方向に向かわせる「遠隔操作(steering at distance)」であるかを見極める必要がある。

教育の本当の危機への対応能力を衰弱させる

第六に、教師が徹底した管理の対象とされ、教育の国家統制の手段として位置づけられているため、地方教育行政は、子どもの育つ環境の劣化や学力格差の拡大や学びの質の問題など、真の教育の危機からいっそう乖離させられるだろう。

安倍政権は教育委員会の事件や事故への対応を教育の「危機」の現れとしてしきりに強調するが、本来、地方教育行政の責任は、子どもの学びの機会と質において問われるべきものである。しかし、安倍政権が進めようとしている改革には教師の専門的知識と経験を地方教育行政に活かすという発想そのものがまったく欠けているため、地方教育行政は教師の経験を通して子どもと教育の現実の課題を認識することができず、その危機に対応し得る教育政策・施策を立案し、推進することもできない。「第二次提言」には、教育長には教育的識見とマネジメント能力が求められるとあるだけで、教師の専門性への言及は一切ない。安倍政権の教育改革においてはおおよそ、権力の指示・命令に対する従順さがあたかも教師の専門性であるかのように語られており、それではすべての子どもに質の高い教育を保障するという責任を果たすことはできない。地方教育行政がいかなる教育政策・施策を打ち出そうとも、教育の真の危機を乗り越えることはできないだろう。

安倍政権の教育改革が押し進めようとしている教師に対する管理強化の問題点は、「責任ある体制」という言葉とは逆に、地方教育行政を「無責任体制」化させることだけにとどまらない。この問題については、次章で改めて検討する。

4　教師に対する管理強化と教育の国家統制

管理・規律対象としての教師

自民党・教育再生実行本部の「中間とりまとめ」(二〇一二年一一月二一日)は、教育公務員特例法を改正して、次の四項目から成る「教員の質を確保するための改革」を実行するとしている。①教育公務員を「教育専門職」と明確に位置付ける。②服務規律の確立。「教育公務員倫理規定」(仮称)の制定。③政治的行為の制限に違反した教員に対し、罰則規定を課す(筆者注:「罰則規定を課す」という表現は不自然だが、そのまま引用する)。④教員の勤務評価及び、それに基づく処遇が適切に行われるよう、教育長及び校長の責務を設ける。

ここでは「教員の質」という言葉が一般的な意味での教職の専門性(教科内容の知識、指導技術、子どもについての理解など)とは違い、規律、倫理、非政治性(政治的行為の制限)を強調して使われていることに注目したい。この点に、安倍政権の教育改革においては、教師が専ら管理の対象としてしか捉えられていないことが読み取れるからである。

現在、公立学校の教師の場合、政治的行為の制限については地方公務員法ではなく、国家公務員の例によるものとされている(教育公務員特例法一八条)。国家公務員法は「政党又は政治的目的」のために、寄附金などの利益を求める行為や受領する行為のほか、人事院規則一四七が定義する政治的行為を禁じている(一〇二条)。その人事院規則一四七では「政治的目的のために職名、職権又はその他の公私の影響力を行使すること」をはじめ、投票の勧誘運動や政治的目的のための署名運動の企画・主宰・指導・積極的関与などを幅広く制限している。しかし、教育公務員特例法一八条二項によって、教師はこれらの制限違反に対する罰則適用から除外されているため、「中間とりまとめ」はこの適用除外を撤廃して、より厳しく教師の政治的行為を取り締まるべきだとしているのである。

下村博文・本部長(文部科学大臣)をはじめとする自民党・教育再生本部のメンバーは、以前よりしばしば、教職員組合運動の政治的イデオロギー性(特定政党とのつながり)を批判の対象としてきた。また、日の丸・君が代強制に対する教師たちのとまどいや抵抗を指弾し、「自虐史観」教育、平和教育、男女平等教育、性教育などを「偏向教育」として非難し、それらが日本の教育の元凶に他ならないとする主張も、安倍政権の周辺からはよく聞こえてくる。こうした事実を考慮に入れるならば、教師の諸々の行動や教育実践が政治的行為にあたるとこじつけられ、不当に抑制される危険性がないとは言いきれない。さらに前章で言及したように指示・措置要求権の行使条件が緩和されれば、文部科学大臣は教育委員会に対して、教師の「政治的行為」に対する取り締まりの徹底を求めることができるようになる。

「教育公務員倫理規程」については、利害関係者からの金品贈与などの禁止行為を列挙した「国家公務員倫理規程」のようなものが想定されているのかもしれない。教師たちが専門職としての倫理綱領を持つことは望ましいことだが、それならば教育実践の質に関する、子どもとその保護者に対する責任と教師同士の責任を中心に構成されるべきであり、また教師たち自身の手で策定されるべきものである。禁止規定を中心とする倫理規程は、教師の思想と行動を管理する手段にほかならない。倫理規程は教師の内面から、政治的行為に対する処罰と教員評価に基づく処遇は「アメとムチ」を用いて外面から、教師を国家から見て望ましい思想の持ち主、行動主体へと規律する手段として働きかねない。

違憲・違法な教育の国家統制

教師に対して非政治性（政治的行為の制限）を強く求めるのは、安倍政権の教育改革が顕著にイデオロギー性を帯びたものだからである。教師の政治性を言い立て、批判・攻撃する姿勢は、かえって批判・攻撃する側のイデオロギー性を強く浮かび上がらせる。

安倍首相の著書を読むと、親・祖先に対する敬意と自国の歴史と伝統と文化に対する敬意を重ねあわせ、地域における絆に支えられた家父長制的共同体の再生という日本人の郷愁的願望に訴えかけることで、国家の統治能力の回復を図ろうとしていることがわかる（『新しい国へ――美しい国へ　完全版』文春新書、二〇一三年）。また、戦争放棄と軍隊不保持を定める憲法九条の改正を断行し、日本が「自立する国家」であることを示すことで、国内外における国家の威信を再確立することが安倍首相の政治家としての宿願である。教育改革、なかでも自国に対する誇り（愛国心）を称揚する歴史教育と個に「公《こう》」を優先させるモラルを教え込む道徳教育は、このような保守的・国家主義的（自国中心主義的）イデオロギーに対する国民の支持を広げるのに不可欠な条件である。教育再生実行本部が「我が国と郷土を愛する」態度の育成を新たに教育の目標に加えた新教育基本法(二〇〇六年一二月)の徹底を図るため、「日本の伝統文化に誇りを持てる教科書」(「中間とりまとめ」)を子どもたちに学ばせようとしていることに、このイデオロギーは鮮明に表れている。

安倍政権の企図する教育改革のなかでも、教科書制度と教育内容に関わる改革は特にイデオロギー的性格が強く、また現行の法制度のもとで司法が許容した国家的介入の限度を明らかに踏み越える、危険なものである。

具体的な改革として、「中間とりまとめ」は教科書検定基準を「文部科学大臣が、各教科書共通で記載すべき事項を具体的に定める方式に改める」としているが、これは実質的な国定教科書化に他ならない。少なくとも戦後の日本では、これほど強力な教科書内容への政治的介入が行われたことはない。家永教科書裁判(一九六五―一九九七年)で確認された重要な点の一つに、教科書検定基準は学説の状況や教育の状況とともに、文部科学大臣の裁量を規制する役割を担うものだということがある。最高裁判所は「検定当時の学説状況や教育状況についての認識、検定基準に違反するとの評価などに見過ごせない誤り」があれば、検定行為は裁量権の範囲を逸脱したもので違法である、と判示したのである。もし「中間とりまとめ」が言うように検定基準を変更して、教科書でとりあげるべき歴史上の人物や事件を文部科学大臣が盛り込むことができるようになるならば、それは最高裁判所(第三次訴訟判決、一九九七年八月二九日)が合憲・合法と判断した教科書検定制度とはまったく性質が異なる、戦前の国定教科書制度と選ぶところがない、教育の国家統制手段となる。

また、「中間とりまとめ」は、教科書検定基準とあわせて学習指導要領の記述も「詳述化」するとしている。確かに旭川全国学力テスト事件の最高裁判決(一九七六年五月二一日)は、国が正当な理由に基づいて教育内容を決定する権限を持つことを認めた。しかし、その教育内容は「子どもが自由かつ独立の人格として成長することを妨げるような国家的介入、例えば、誤った知識や一方的な観念を子どもに植えつける」ようなものではないという条件付きであった。さらに同判決は、「党派的な政治的観念や利害によって支配されるべきでない教育」に対する国家的介入はできるだけ抑制的であることが要請されるとも述べていた。この最高裁判決に則って判断するならば、首相個人や政権政党のイデオロギーに基づいて学習指導要領の内容を「詳述」することは、明らかに憲法一三条(個人の尊重、幸福を追求する権利)及び二六条(教育を受ける権利)、教育基本法一六条(教育に対する「不当な支配」の禁止)に違反する行為である。

このように乱暴な教育改革であるからこそ、教師に対する管理と規律を強化し、指示・命令の徹底を図ることが必要となる。安倍政権の教育改革を全体的に見ると、国の教育委員会に対する権限を強化し、教育委員会と学校の関係、学校内部の管理職と教師との関係における上意下達型の階層構造(ヒエラルキー)性を強化することで「適切な教育内容を確保」(「中間とりまとめ」)することに大きなねらいがあることが読み取れる。その階層構造の頂点に立つのが国家であるならば、底辺に位置づけられているのが教師である。しかし、いかなる国家の意思も、結局、その実現は教師に依存せざるを得ない。国家的介入が子どもたちと教育の事実からかけ離れたものであればあるほど、教師に対する管理を強化しなければならない理由がそこにある。

「中間とりまとめ」で使われている「教育専門職」という言葉にも注意が必要である。「教員の質」という言葉と同様、特別な意味を込めて使われている。すなわち、教師は「教育専門職」であるから、上からの指示・命令に異議を唱えてはならないという意味である。「教育専門職」であるならば、政治的な行為や労働組合運動に一切関わってはならず、「偏り」のない教育をしなければならない。しかし、何が「偏向教育」であるかの判断は国家が行うので、「教育専門職」としての教師は、その指示を忠実に遂行すればよいと読みとれるのである。歴史的に見ると専門職(profession)という言葉はしばしば、子どもと保護者に対する責任を中心にした倫理の確立、高度の専門的知識・技術の保有、そして専門的自律性を推進する論理としてではなく、政治的統制の論理として利用されてきた(Lawn, M. (1987). *Servants of the state: The contested control of teaching 1900-1930*, London: Falmer Press.)。かつての日本における教師「聖職者」論がそうであったように、安倍政権の「教育専門職」論も、教師に子どもと保護者に対して責任を負う本来の意味での専門職から、国家権力の代理人への転換を迫るレトリックであると言える。

深まる教育の危機

教師を教育の国家統制の手段として位置づけ、管理と規律の対象としてしかとらえていない安倍政権の教育改革には、当然のことではあるが、教職の専門性に関する理解と、教師が子どもの成長と学びに対して責任を負い、その責任を果たすのに必要な諸条件に対する関心が欠けている。

近年、中央教育審議会でも、教職の専門性向上に関わって「教科と教職に関する高度な専門的知識」、「新たな学びを展開できる実践的指導力」、「理論と実践の往還による教員養成の高度化」などのテーマが議論されてきた(「教職生活の全体を通じた教員の資質能力の総合的な向上方策について」答申、二〇一二年八月二八日)。大学・大学院の側でも、教師教育プログラムの目標と修得すべき専門的知識・技能の明確化、体系的なカリキュラム編成などの努力を進めている。一部の大学・大学院では、教育委員会との協同関係を構築して、養成教育と現職教育をつなぎ、学び続ける教師と学校づくりを同時に支援する挑戦に取り組んでいる(勝野正章「教員養成制度改革論の問題点を探る」、喜多明人・三浦孝啓編『「免許更新制」では教師は育たない――教師教育改革への提言』岩波書店、二〇一〇年)。こうした教職の専門職化(professionalization)を目指した政策と実践は、管理強化につながる教職の標準化(standardization)の危険性を意識しつつ、進められてきた(日本教育学会特別課題研究委員会『研究報告書　現職教師教育カリキュラムの教育学的検討』二〇一二年九月)。しかし、安倍政権の教師に関わる改革案には専門職化と標準化との緊張関係に対する認識は見られず、ただ管理強化を志向した項目ばかりが並んでいる。

「中間とりまとめ」は、大学・大学院での教員養成課程を修了した者に一―二年のインターンシップを経験させ、その後教育長による適性判断の結果(自分でも適性を判断することとされている が)本免許を付与して、正式採用とする制度の導入をあげているが、単なる見習い的な実務経験では、教職の専門性を高める効果をほとんど期待できず、教職の専門職化をめぐる近年の政策的・実践的蓄積を無視した、退行的なものと言わざるを得ない。さらに適性判断の導入により、本章で述べてきた教師に対する権力的管理強化に拍車がかかるとともに、身分の不安定化が忌避されて、教職希望者の減少を招く危険性も高い(インターンシップ終了後に正式採用されなかった場合、別の仕事を探さなければならない)。「平成の人材確保法」を制定して、教師の待遇改善と定数改善を行うという提案は、一定程度評価できるが、教師に対する管理強化とセットでは、専門性を発揮して創造的に教育実践に取り組むことにやりがいや意義を見出す優秀な教師を教職にとどめる効果は、さほど期待できない。

いま教師に関わってもっとも喫緊であるはずの課題は、多忙化の解消と専門的自律性(professional autonomy)の保障である。前者の問題は後者と深く関わっている。多忙化は教師から教材研究、授業研究の時間、子どもと接し、子どもを理解する時間を奪っている。そのため長時間働く誠実で熱心な教師が自分の仕事に対する自信を持てず、やりがいを感じることができなくなっている。教材研究、授業研究の不十分さを自覚した教師たちがパッケージ化された授業案や指導方法に頼るようになることは、授業という複雑な問題状況に対する「省察」と高度な知的判断を支える「実践的見識」の基盤、すなわち教職の専門的自律性の基盤(佐藤学『教師というアポリア――反省的実践へ』世織書房、一九九八年)の衰退を意味している。

日本の教師は、間違いなく、これまで以上に強く、目に見える成果の効率的な追求を求められるようになっている。学力テスト、学校評価、教職員評価などの政策によって、成果主義が教育の現場に浸透するようになったからである。前章でも述べたように、成果主義は教師の関心を学びの質から遠ざけるとともに、教え方を画一化し(その端的な例が前述の teaching to the test――

「テストのための授業」である）、自律的で創造的な教育実践を制約する。教師たちが、教育改革の名のもとに指示される政策・施策の他律的実行を強く求められることは、専門的自律性に対する攻撃に他ならない。しかも、その攻撃は教師のそれまでの教育信念や価値観を否定し、外部から求められる教師像と自己の教師像の間の葛藤を生じさせるおそれがある。自分はどんな教師であろうとするのか。子どもをどう理解したらよいのか。子どもや同僚教師たちとどのような関係を取り結べばよいのか。教師のアイデンティティが問い直される経験であり、その経験の細かな内容は教師一人ひとり異なる。しかし、単純化して言えば、安倍政権が進めようとしている教育改革のもとで、教師は子どもの教育に対して責任を負う専門職と国家権力の代理人という二つのアイデンティティのうち、いずれかの選択を迫られることになるだろう。

本章で見てきた教師に関わる安倍政権の教育改革は、本来の意味での専門職としての教師を擁護し、専門性を発揮できるように対策を講じようとするものではない。むしろ逆に教職の危機の深刻の度を深めるものである。その帰結はとりもなおさず、教師が日々直面している、貧困や学力格差などの子どもの成長と学びの危機を、いっそう深刻化させることだろう。

あとがき

第二次安倍政権の教育改革は、経済改革、憲法改革とともに、「戦後の総決算」の大黒柱の一つとなっている。その大仰な主張とは裏腹に個々の教育政策の特徴は、教育現象に対する世論の誘導と復古的ナショナリズムにもとづき、現実に根拠をもたない思いつきと独善による政策である点にある。安倍政権の教育改革のリーダーたちは、子どもや教師や市民の声は聞こうとせず、教育の専門家の意見は無視して改革を断行している。目隠し状態の暴走というほかはない。政治家であれば現実を直視して受け止め、人々の願いに耳を傾け専門家の意見を尊重して、政治的な良識にもとづく政策を立案し遂行するのが最小限の要件であろう。彼らは、こと教育に関して、政策決定者の最小限の要件を欠落させている。その不敵な大胆さによって大衆の支持を獲得しているとすれば、そこにこそ今日の日本の政治と教育の根深い危機がある。

この小冊子では、急ピッチで進行している教育改革の様相を提示し、その個々の政策の危険な本質について、教育学の専門家の立場から批判的に検討することを試みた。第一章と第二章（佐藤執筆）では、第二次安倍政権の教育政策の全体像とその政治イデオロギーの特徴を提示し（第一章）、それらの政策が、子ども、教師、親が現実に抱えている危機を増幅する政策であること、および教科書制度の改革や「道徳の教科化」による政治的イデオロギー的統制と、学校週六日制や教師教育改革によって、学力低下と教育の質の低下を導く危険を示した（第二章）。第三章と第四章（勝野執筆）においては教育行政と学校経営を焦点として、安倍政権による教育改革の危険性を検証した。第三章では、教育委員会制度の改革について批判的に検討し、第四章では教師に対する官僚的統制の強化について批判的に検討している。

近年の日本の教育改革は、学校と教師に対する批判と攻撃を原動力に進められてきた。その前提となっていたのは、社会からの信頼低下であった。学校と教師に対する管理を強め、説明責任（アカウンタビリティ）を要求する改革は、信頼の回復をキーワードにして進められてきたのである。しかし、そこで言われている「信頼」は、教師の日常的な教育実践と、子どもとその保護者たちとの直接の人間的交流のなかで育まれる信頼とは異なる。それは上司からの指示・命令を遵守することで得られる「信頼」であり、週案や日案を作成し、その通りに教育活動を進行させることで得られる「信頼」であり、教育の成果を無理やり測定可能なものに縮減して公開することで得られる「信頼」である。

その結果、教師はジレンマを抱えることになった。規則と指示・命令を遵守し、説明責任を果たそうとするほど、子どもとその保護者たちからは遠ざかってしまうのである。教育の大部分は、教師と一人ひとりの子どもとの人格的接触を通じて、高度の専門的能力と見識と判断に基づいて行われている。そのため、教師と学校に対する信頼も、この直接的な人間関係のなかで育まれ、強められるものであるはずなのに、規則や書式や数値から「信頼」が生まれるというのである。直接の教育活動から離れたところで獲得されるという「信頼」とは、一体、何なのだろうか。

安倍政権が進めようとしている教育改革を見ると、結局のところ、教師と学校を信頼していないのは、その中心にいる人々に他ならないことがわかる。さらに問題なのは教育の「責任ある体制」構築を唱えながら、その改革の内容は教師に対する管理を強め、上からの指示・命令を忠実に実行する国家の代理人に変えようとするものであることである。第一次安倍政権時代の二〇〇六年一二月、教育基本法が改正され、教育は「国民全体に対し直接に責任を負つて行われるべきものである」という文言が削除された。この直接責任規定は、統治機構や官僚機構を通じて社会の意思が教育に反映されるのではなく、社会の意思と教育が直結されるべきことを意味していた。そして、この社会の意思を直接的に教育に反映させる第一義的な方法とは、子どもとその保護者たちと教師との人間的交流に他ならない。教師に対する信頼は、教師がこの直接責任を果たすことによって得られるものである。

教育基本法改正に続き、現在の安倍政権は教師と子どもとその保護者との距離をさらに拡大する教育改革を進めようとしている。しかし、これらの教育改革では真に「責任ある体制」を構築することはできず、子どもの貧困や学力格差など本当の教育危機を解決することもできない。本書が安倍政権の教育改革の問題点について考えを深める際の一助となれば幸いである。

佐藤　学
勝野正章

※本書の第1章は『世界』二〇一三年四月号に掲載された佐藤学「安倍政権の教育改革構想を検証する――虚妄と妄想を超えて」を元に加筆・修正したものです。

佐藤 学

1951年広島県生まれ．学習院大学文学部教授．専門は学校教育学．全米教育アカデミー(NAE)会員，日本学術会議第一部(人文社会科学)部長，日本教育学会前会長．著書に，『「学び」から逃走する子どもたち』『「学力」を問い直す』『習熟度別指導の何が問題か』(以上，岩波ブックレット)，『教育方法学』『授業研究入門』(共著)『教育改革をデザインする』(以上，岩波書店)，『米国カリキュラム改造史研究――単元学習の創造』『学校改革の哲学』(以上，東京大学出版会)，『カリキュラムの批評――公共性の再構築へ』『教師というアポリア――反省的実践へ』『学びの快楽――ダイアローグへ』(以上，世織書房)，『教師たちの挑戦』『学校の挑戦』『教師花伝書』『学校見聞録――学びの共同体の実践』(以上，小学館)など．

勝野正章

1965年長野県生まれ．東京大学大学院教育学研究科准教授．専門は学校経営・教育政策．著書に，『教員評価の理念と政策――日本とイギリス』(エイデル研究所)，『「いい先生」は誰が決めるの？――今，生きるILO・ユネスコ勧告』(共著，つなん出版)，『教育行政学』(共著，学文社)，『開かれた学校づくりと学校評価』(共編著，学事出版)，『教育行政と学校経営』(共著，放送大学教育振興会)など．訳書に『教育課程改革と教師の専門性――ナショナルカリキュラムを超えて』(学文社)．

安倍政権で教育はどう変わるか　　岩波ブックレット 874

2013年6月4日　第1刷発行
2015年12月15日　第4刷発行

著 者　佐藤《さとう》 学《まなぶ》　勝野正章《かつのまさあき》

発行者　岡本 厚

発行所　株式会社 岩波書店
〒101-8002 東京都千代田区一ツ橋 2-5-5
電話案内 03-5210-4000　販売部 03-5210-4111
ブックレット編集部 03-5210-4069
http://www.iwanami.co.jp/hensyu/booklet/

印刷・製本　法令印刷　装丁　副田高行　表紙イラスト　藤原ヒロコ

ISBN 978-4-00-270874-4　　Printed in Japan

読者の皆さまへ

岩波ブックレットは，タイトル文字や本の背の色で，ジャンルをわけています．

赤系＝子ども，教育など
青系＝医療，福祉，法律など
緑系＝戦争と平和，環境など
紫系＝生き方，エッセイなど
茶系＝政治，経済，歴史など

これからも岩波ブックレットは，時代のトピックを迅速に取り上げ，くわしく，わかりやすく，発信していきます．

◆岩波ブックレットのホームページ◆

岩波書店のホームページでは，岩波書店の在庫書目すべてが「書名」「著者名」などから検索できます．また，岩波ブックレットのホームページには，岩波ブックレットの既刊書目全点一覧のほか，編集部からの「お知らせ」や，旬の書目を紹介する「今の一冊」，「今月の新刊」「来月の新刊予定」など，盛りだくさんの情報を掲載しております．ぜひご覧ください．

▶岩波書店ホームページ　http://www.iwanami.co.jp/◀
▶岩波ブックレットホームページ　http://www.iwanami.co.jp/hensyu/booklet◀

◆岩波ブックレットのご注文について◆

岩波書店の刊行物は注文制です．お求めの岩波ブックレットが小売書店の店頭にない場合は，書店窓口にてご注文ください．なお岩波書店に直接ご注文くださる場合は，岩波書店ホームページの「オンラインショップ」(小売書店でのお受け取りとご自宅宛発送がお選びいただけます)，または岩波書店〈ブックオーダー係〉をご利用ください．「オンラインショップ」，〈ブックオーダー係〉のいずれも，弊社から発送する場合の送料は，1回のご注文につき一律380円をいただきます．さらに「代金引換」を希望される場合は，手数料200円が加わります．

▶岩波書店〈ブックオーダー〉　☎049(287)5721　FAX 049(287)5742◀